8° R
24583

LA PREMIÈRE ANNÉE

D'ÉDUCATION ET D'ENSEIGNEMENT

POSTSCOLAIRES

DES JEUNES FILLES

EN 32 RÉUNIONS

PAR

A. VIALES

avec la collaboration

d'un groupe d'Institutrices et de mères de famille

ORGANISATION GÉNÉRALE DES RÉUNIONS
(ÉCOLES DE FILLES ET ÉCOLES MIXTES)

CAUSERIES MORALES, CIVIQUES ET D'HYGIÈNE

DICTÉES AVEC EXERCICES

CALCUL, COMPTABILITÉ, AVEC EXERCICES ÉCRITS ET ORAUX

LETTRES D'AFFAIRES ET FAMILIÈRES
AVEC PLAN ET DÉVELOPPEMENT

DROIT USUEL POUR JEUNES FILLES

ENSEIGNEMENT MÉNAGER ET ÉCONOMIE DOMESTIQUE

LECTURES MORALES ET LITTÉRAIRES

PRIX : **2 fr. 50** *(franco par poste).*

MILLAU

Imprimerie, Lithographie et Cartonnage des Ouvriers réunis -- Bernat & Vent
boulevard de l'Ayrolle, 47

1911

DU MÊME AUTEUR :

LE COURS D'ADULTES POUR JEUNES GENS EN 3 ANNÉES

Chaque année comprend : un livre du Maître, le livre des Adultes
le texte des lectures choisies.

La 1re Année, 3 volumes in-18 · Francs 2 75
La 2e   id.   id.   id.   . . . . 3 »»
La 3e   id.   id.   id. 3 75
Les 3 années complètes 9 vol. in-18   francs   . . . 9 »»

EN VENTE chez tous les libraires ; chez l'éditeur C. ROBBE, 200, rue L. Gambetta,
à Lille ; chez l'AUTEUR, instituteur à St-Jean-du-Bruel (Aveyron).

Librairie classique A. PICARD, 18-20, rue Soufflot, Paris (5e)

OUVRAGES RECOMMANDÉS POUR LES JEUNES FILLES

FENARD-SURIER et VENÇON
Cours rationnel de Sciences Physiques et Naturelles

Applications : agriculture, industrie, hygiène, économie ménagère
Cours moyen et supérieur (1 vol. in-4e avec 9 pl. en couleur et 300 gravures)   1 50

F. GACHE
La Philosophie du peuple (1 volume in-12), broché 1 fr. 50 ; relié toile   2 fr. »»
La Rhétorique   id.   id.   1 fr. 50 ;   id.   2 fr. »»
L'Education   id.   id.   3 fr. 50 ;   id.   4 fr. »»

GODBERT
La petite ménagère, 70 gravures (1 volume in-18 cartonné) . . . . . 1 fr. 20

LAISNÉ
Gymnastique des demoiselles, 110 gravures (1 volume in-18, cartonné). . 4 fr. »»

Mademoiselle MAGUELONNE
Lectures tirées des littératures étrangères, 1 vol. 500 pages broché 2 fr. 60 ; cart. 3 fr.

Mademoiselle MARCHEF-GIRARD
Cours d'économie domestique (1 volume broché 2 fr. 25 ;) Relié toile . . 2 fr. 60

E. PETIT
La vie scolaire (1 volume in-12 broché 3 fr. 50) Relié pleine toile . . . 4 fr. »»

Mademoiselle VARENNE
Pour l'ouvrière (1 volume in-12 broché 1 fr. 50) ; Relié pleine toile . . 2 fr. »»

Voir à l'Annexe de cet Ouvrage
Les BEAUX-ARTS dans l'Ecole et dans la Famille

Librairie Générale de l'Enseignement, 1, rue Dante, Paris (5e)
E. ORLHAC, Editeur

A SEIGNETTE
Inspecteur général honoraire, Directeur du *Journal des Instituteurs*
LECTURES

Ouvrage inscrit sur la liste de la ville de Paris et sur toutes les listes départementales.

Les Cours d'enseignement primaire de M. A. Seignette est complété par 3 vol. de
Lectures graduées, choisies dans les meilleurs auteurs pour les trois cours.

Cours élémentaire, (324 pages). Nombreuses illustrations de A. Luvois, cart.   1 fr. 45
Cours moyen,   (208 pages).   id.   id.   cart.   1 fr. 75
Cours supérieur   (372 pages).   id.   id.   cart.   1 fr. 90

(Demander la brochure explicative des ouvrages de M. A. Seignette.)

LA PREMIÈRE ANNÉE

D'ÉDUCATION ET D'ENSEIGNEMENT

POSTSCOLAIRES

DES JEUNES FILLES

EN 32 RÉUNIONS

PAR

A. VIALES ◊ A.

avec la collaboration

d'un groupe d'Institutrices et de mères de famille

ORGANISATION GÉNÉRALE DES RÉUNIONS
(ÉCOLES DE FILLES ET ÉCOLES MIXTES)
CAUSERIES MORALES, CIVIQUES ET D'HYGIÈNE
DICTÉES AVEC EXERCICES
CALCUL, COMPTABILITÉ, AVEC EXERCICES ÉCRITS ET ORAUX
LETTRES D'AFFAIRES ET FAMILIÈRES
AVEC PLAN ET DÉVELOPPEMENT
DROIT USUEL POUR JEUNES FILLES
ENSEIGNEMENT MÉNAGER ET ÉCONOMIE DOMESTIQUE
LECTURES MORALES ET LITTÉRAIRES

PRIX : **2 fr. 50** *(franco par poste)*.

MILLAU

Imprimerie, Lithographie et Cartonnage des Ouvriers réunis -- Bernat & Vent
boulevard de l'Ayrolle, 47
1911

POUR LA VENTE :

S'adresser à Mme VIALES, à Saint-Jean-du-Bruel (Aveyron)

*Tout exemplaire de cet ouvrage doit être revêtu
de la signature de l'auteur,*

Déclaration des Droits de l'Homme et du Citoyen

Solennellement proclamée par l'Assemblée Constituante, le 26 août 1789.

—

Préambule de la Déclaration des Droits de l'Homme et du Citoyen.

————

« Les représentants du Peuple Français, constitués en Assemblée nationale, considérant que l'ignorance, l'oubli ou le mépris des droits de l'homme sont l'unique cause des malheurs publics et de la corruption des gouvernements, ont résolu d'exposer, dans une déclaration solennelle, les droits naturels, inaliénables, imprescriptibles et sacrés de l'homme, afin que cette déclaration, constamment présente à tous les membres du corps social, leur rappelle sans cesse leurs droits et leurs devoirs ; afin que les actes du pouvoir législatif et ceux du pouvoir exécutif, pouvant être à chaque instant comparés avec le but de toute institution politique, en soient plus respectés ; afin que les réclamations des citoyens, fondées désormais sur des principes simples et incontestables, tournent toujours au maintien de la constitution et au bonheur de tous.

« En conséquence, l'Assemblée nationale reconnaît et déclare, en présence et sous les auspices de l'Etre suprême, les droits suivants de l'homme et du citoyen. »

ARTICLE PREMIER. — Les hommes naissent et demeurent libres et égaux en droit. Les distinctions sociales ne peuvent être fondées que sur l'utilité commune.

ART. 2. — Le but de toute association politique est la conservation des droits naturels et imprescriptibles de l'homme. Ces droits sont la liberté, la propriété, la sûreté et la résistance à l'oppression.

ART. 3. — Le principe de toute souveraineté réside essentiellement dans la nation ; nul corps, nul individu ne peut exercer d'autorité qui n'en émane expressément.

ART. 4. — La liberté consiste à pouvoir faire tout ce qui ne nuit pas à autrui. Ainsi l'exercice des droits naturels de chaque homme n'a de bornes que celles qui assurent aux autres membres la jouissance de ces mêmes droits. Ces bornes ne peuvent être déterminées que par la loi.

ART. 5. — La loi n'a le droit de défendre que les actions nuisibles à la société. Tout ce qui n'est pas défendu par la loi ne peut être empêché, et nul ne peut être contraint à faire ce qu'elle n'ordonne pas.

ART. 6. — La loi est l'expression de la volonté générale. Tous les citoyens ont le droit de concourir, personnellement ou par leurs représentants, à sa formation. Elle doit être la même pour tous, soit qu'elle protège, soit qu'elle punisse. Tous les citoyens, étant égaux à ses yeux, sont également admissibles à toutes dignités, places et emplois publics, selon leur capacité, et sans autre distinction que celles de leurs vertus et de leurs talents.

ART. 7. — Nul homme ne peut être accusé, arrêté et détenu que dans les cas déterminés par la loi, et selon les formes qu'elle a prescrites. Ceux qui sollicitent, expédient, exécutent ou font exécuter des ordres arbitraires, doivent être punis ; mais tout citoyen appelé ou saisi en vertu de la loi doit obéir à l'instant ; il se rend coupable par la résistance.

ART. 8. — La loi ne doit établir que des peines strictement et évidemment nécessaires, et nul ne peut être puni qu'en vertu d'une loi établie et promulguée antérieurement au délit et légalement appliquée.

ART. 9. — Tout homme étant présumé innocent jusqu'à ce qu'il ait été déclaré coupable, s'il est jugé indispensable de l'arrêter, toute rigueur qui ne serait pas nécessaire pour s'assurer de sa personne doit être sévèrement réprimée par la loi.

ART. 10. — Nul ne peut être inquiété pour ses opinions, même religieuses, pourvu que leur manifestation ne trouble pas l'ordre public établi par la loi.

ART. 11. — La libre communication des pensées et des opinions est un des droits les plus précieux de l'homme ; tout citoyen peut donc parler, écrire, imprimer librement, sauf à répondre de l'abus de cette liberté dans les cas déterminés par la loi.

ART. 12. — La garantie des droits de l'homme et du citoyen nécessite une force publique ; cette force est donc instituée pour l'avantage de tous, et non pour l'utilité particulière de ceux auxquels elle est confiée.

ART. 13. — Pour l'entretien de la force publique et pour les dépenses d'administration, une contribution commune est indispensable ; elle doit être également répartie entre tous les citoyens, en raison de leurs facultés.

ART. 14. — Tous les citoyens ont le droit de constater, par eux-mêmes ou par leur représentants, la nécessité de la contribution publique, de la consentir librement, d'en suivre l'emploi, et d'en déterminer la quotité, l'assiette, le recouvrement et la durée.

ART. 15. — La société a le droit de demander compte à tout agent public de son administration.

ART. 16. — Toute société dans laquelle la garantie des droits n'est pas assurée, et la séparation des pouvoirs déterminés, n'a point de constitution,

ART. 17. — La propriété étant un droit inviolable et sacré, nul ne peut en être privé, si ce n'est lorsque la nécessité publique l'exige évidemment, et sous la condition d'une juste et préalable indemnité.

LA PREMIÈRE ANNÉE
d'Education et d'Enseignement postscolaires
DES JEUNES FILLES
EN 32 RÉUNIONS

AVANT-PROPOS

Sollicité par bon nombre d'institutrices de faire, pour l'œuvre postscolaire des jeunes filles, ce que nous avons déjà fait pour les cours d'adultes des jeunes gens, nous sommes heureux de présenter à MM^{mes} les institutrices notre « **Première année d'éducation et d'enseignement postscolaires des jeunes filles.** »

Notre but a été de mettre à la disposition de nos Collègues une série méthodique de matériaux qui faciliteront la préparation nécessaire des réunions spéciales aux jeunes filles, et qui permettront de donner à ces réunions le caractère éducatif et moralisateur, simple, pratique et intéressant qui leur convient.

Notre tâche a été rendue plus aisée par la précieuse et indispensable collaboration qu'ont bien voulu nous prêter quelques institutrices ayant déjà mis la main à la pâte, et quelques mères de famille, aussi avisées qu'expérimentées.

Nous leur renouvelons l'assurance de notre vive et sincère gratitude.

§ I. — Organisation générale des réunions

Pour plusieurs bonnes raisons que tout le monde devine, les réunions ont lieu exclusivement les jeudis et les dimanches, soit dans la matinée, soit dans l'après-midi. Les heures et mois de ces réunions seront fixées par chaque institutrice, en s'inspirant des habitudes et des usages adoptés dans chaque milieu.

Les réunions du dimanche ne se composent que d'une lecture intéressante extraite de nos meilleurs écrivains. Si, pour des raisons exceptionnelles, ces réunions ne pouvaient avoir lieu ce jour-là, on pourrait terminer les réunions du jeudi par la lecture indiquée à la réunion suivante.

Enfin, dans les écoles mixtes, l'enseignement post-scolaire pourrait comprendre : une classe du soir spéciale aux jeunes gens (1) ; une réunion, le jeudi, spéciale aux jeunes filles ; une lecture commune le dimanche. Là où la réunion du dimanche serait impossible, la lecture terminerait chaque séance spéciale. De toute façon. il y aurait dans chaque hameau, au moins deux séances par semaine, et au plus trois.

Les jeunes filles qui désirent profiter de l'enseignement postscolaire sont inscrites, au fur et à mesure, sur le registre spécial qui figure à la fin de cet ouvrage. On ajoute, en regard de chaque nom. l'âge, la profession, et les absences sont marquées par un trait horizontal ou vertical dans la colonne correspondant à chaque séance.

Si les réunions du dimanche étaient communes, il suffirait d'indiquer le chiffre approximatif d'auditeurs.

Sur un carnet spécial, l'institutrice note la nature et l'objet des divers exercices écrits, le titre de la lecture, l'ouvrage d'où elle est tirée et le nom de l'auteur.

Afin de retrouver plus facilement les renseignements, les données, les conseils écrits, nous pensons qu'il y aurait avantage à demander un cahier spécial :

1° Pour les exercices d'orthographe et de français ;

2° Pour les exercices de calcul, de comptabilité et pour les notions de droit usuel ;

3° Pour l'enseignement ménager et l'économie domestique.

Autant que possible, les jeunes filles qui assisteront

---

(1) Consulter notre Ire année du Cours d'Adultes pour les Garçons. (C. Robbe, édit. à Lille.) 2 fr. 60 *franco*.

aux réunions du jeudi, formeront une seule division. Mais si c'était nécessaire, il ne faudrait pas hésiter à combiner les exercices d'orthographe, de calcul et de français, de façon à occuper utilement, aussitôt après la causerie du début de chaque réunion, deux ou trois groupes distincts de jeunes filles.

§ II. — Réunions du jeudi.

Les réunions du jeudi comprennent :

1° Une causerie morale ou civique, suivie d'un exercice d'orthographe, de questions grammaticales et d'intelligence ;

2° La révision du système métrique, et des notions pratiques de comptabilité ménagère ou agricole, avec leurs applications à la vie courante ;

3° Des exercices de français exclusivement appliqués aux lettres d'affaires, de famille ou administratives, alternant avec les plus utiles connaissances de droit usuel ;

4° L'enseignement ménager pratique alternant avec l'économie domestique.

Les causeries de chaque fin de mois sont spécialement consacrées à l'étude des plus importantes questions d'hygiène.

Il importe de ne pas oublier que le but essentiel de nos causeries, et du texte qui suit, est moins l'étude de l'orthographe que l'éducation morale et civique des jeunes filles, la connaissance impérieuse des principales règles d'hygiène et leur préparation au rôle de bonnes gardes-malades qu'elles auront à remplir dans leur famille d'abord et autour d'elles ensuite. Aussi pourrait-on, à la rigueur, supprimer la dictée proprement dite, et se contenter d'une explication substantielle du texte qu'on ferait suivre de quelques notes grammaticales écrites.

Les exercices de calcul et de français seront faits dans la famille, après explications plus ou moins développées, suivant le degré d'instruction des jeunes filles. Sous aucun prétexte les exercices de calcul mental ne seront négligés.

Les notions de droit usuel ne sont pas moins nécessaires aux jeunes filles qu'aux jeunes gens. Ne sont-elles pas soumises aux mêmes lois pénales et ne se trouvent-elles pas dans la même condition juridique que l'homme ? Dès leur majorité, n'ont-elles pas la capacité légale, et, celles qui deviennent commerçantes, par exemple, ne peuvent-elles s'obliger librement pour tout ce qui concerne leur commerce ? L'administration intelligente des biens et la défense des intérêts de la famille leur seraient-elles interdites ? Et, à défaut de ces intérêts immédiats, ne devons-nous pas préparer les jeunes filles, les femmes, trop longtemps considérées comme mineures, à l'exercice des droits que leur réserve le prochain triomphe des légitimes revendications féministes ?

De l'enseignement ménager pratique et de l'économie domestique, nous ne dirons qu'une chose : c'est qu'ils constituent, après les causeries morales, civiques et d'hygiène, l'œuvre postscolaire la plus utile. Et nous n'hésiterions pas à sacrifier à ces enseignements, si c'était nécessaire, les autres matières prévues à notre programme.

C'est dans la cuisine même de l'institutrice que les jeunes filles seront effectivement exercées à cuisiner les quelques plats dont se composera plus tard leur ordinaire. On pourra noter exactement le prix de revient de chacun d'eux, à moins qu'on ne préfère demander à chaque élève telle ou telle fourniture, le plat préparé par leurs soins devant être ensuite consommé en commun. Elles seront aussi associées directement aux diverses expériences indiquées aux leçons d'économie domestique, et les institutrices s'appliqueront particulièrement, d'une part, à réprimer les mauvaises habitudes locales, et, d'autre part, à combattre le dédain ou le mépris qui s'attachent trop souvent à la pratique de certains travaux. Nos jeunes filles sauront que les soins du ménage — de quelque nature qu'ils soient — ne flétrissent chez une personne intelligente et dévouée, ni la jeunesse, ni la beauté, ni la joie.

Peut-être trouvera-t-on que nous n'avons pas fait une

assez large place aux notions théoriques d'enseignement ménager et d'économie domestique. Nous les réservons pour un peu plus tard, afin de réagir, dès cette première année, contre la fâcheuse tendance, souvent constatée, paraît'il, à se contenter de notions théoriques superficielles.

§ III. — Les réunions du dimanche.

Le but primordial de ces réunions est de donner aux jeunes filles le goût des bonnes et saines lectures. Et nous avons extrait de l'œuvre de nos meilleurs écrivains, quelques pages choisies, intéressantes avant tout, et se rapportant, à l'occasion, à la causerie faite au début de la réunion du jeudi précédent.

Pour rendre ces réunions plus agréables, peut-être pourrait-on les commencer par l'étude et l'exécution d'un chant, d'un chœur facile, au rythme large ou gai, à la mélodie tendre ou mélancolique, et les terminer par une promenade dans la campagne. Quand le temps ne le permettrait pas, celle-ci serait remplacée par une causerie familière, répondant aux divers besoins de chaque milieu.

La création d'une bibliothèque populaire dans toutes nos écoles de filles est le complément indispensable d'une œuvre postscolaire effective. C'est pour faciliter ces créations que nous donnons, en annexe de notre travail, quelques utiles renseignements, fruit de notre expérience, de nos recherches ou de nos travaux.

Persuadé que la bienveillante indulgence de MMmes les Institutrices ne nous fera pas défaut, nous leur présentons en toute confiance notre modeste travail.

Nous serons reconnaissant à celles et à ceux qui l'utiliseront ou l'examineront, de vouloir bien nous faire part de leurs critiques ou de leurs observations.

Nous renouvelons à MM. les éditeurs, qui nous ont gracieusement autorisé à puiser dans les œuvres dont ils ont la propriété, nos sincères et respectueux remerciements.

A. VIALES.

5 octobre 1910.

LA PREMIÈRE ANNÉE
D'EDUCATION et D'ENSEIGNEMENT POSTSCOLAIRES
DES JEUNES FILLES

PREMIER MOIS

1re RÉUNION

Jusqu'en 1789, la femme du peuple fut considérée comme un être inférieur, d'esprit frivole, inapte à l'étude, faite pour être assujettie à l'homme et servir uniquement à ses caprices et à ses fantaisies. Ignorance et vertu devaient aller de pair.

Il serait toutefois injuste de méconnaître les timides tentatives de Fénelon et de Mme de Maintenon, pour relever le niveau moral et intellectuel des femmes.

C'est Condorcet qui proclama le droit égal des deux sexes à l'instruction, la femme étant enfin reconnue un être humain au même titre que l'homme Malheureusement, presque rien ne fut fait, jusqu'à la troisième République pour l'éducation et l'instruction des filles. Et encore de nos jours, combien pensent que toute leur culture intellectuelle doit se borner à savoir lire, écrire, compter, et qu'elles doivent être élevées exclusivement en vue de l'homme !

Néanmoins, dès que le gouvernement passa, en 1878, aux mains des républicains, ceux-ci établirent que les enfants des deux sexes « *ont les mêmes droits à l'instruction primaire élémentaire, parce qu'ils ont une intelligence égale, et des devoirs équivalents dans l'Etat et dans la famille.* »

L'instruction fut rendue obligatoire, avec les mêmes programmes ; les écoles se multiplièrent, et, malgré les efforts désespérés de ceux qui ont encore quelque intérêt à maintenir en tutelle l'âme féminine, l'enseignement des jeunes filles a suivi un développement ininterrompu.

L'Institutrice prouvera que le temps de la scolarité proprement dite reste bien insuffisant pour assurer le développement harmonieux des facultés : Les connaissances acquises seront vite dissipées si nous ne nous occupons pas de les conserver et de les développer, en les appliquant aux nécessités courantes de la vie ; nos qualités ou nos défauts en germe seront rapidement étouffés ou fortifiés, si quelqu'un ne nous met pas en garde contre les dangers qui nous menacent à notre entrée dans la vie.

Que nos jeunes filles assistent régulièrement à ces réunions du jeudi et du dimanche : elles en retireront d'excellents avantages matériels, intellectuels et moraux.

DICTÉE

Bienfaits de l'instruction

L'instruction *émancipe* et *affranchit*. L'ignorant est comme un aveugle à la merci de tous ceux qui veulent le conduire et l'égarer. Cultivez donc votre intelligence, puisque par là vous accroîtrez votre liberté.

Un second avantage de l'instruction, c'est qu'elle nous débarrasse des *préjugés* et des *superstitions*, ces deux fléaux de la vie humaine. L'ignorant accepte avec *crédulité* tout ce qu'on lui dit ; il est la victime d'une multitude d'erreurs qui troublent son existence.

En outre, l'instruction moralise. Une intelligence cultivée est plus en état qu'une autre de résister aux habitudes vicieuses. Enfin, par l'instruction on acquiert la justesse du jugement, le bon sens qui met à l'abri des erreurs pratiques, la prudence en un mot.

Chacun doit désirer s'instruire dans la mesure de ses forces et profiter de toutes les occasions pour apprendre ce qu'il ignore. Ces occasions sont de plus en plus fréquentes dans notre société moderne où partout s'ouvrent des cours d'adultes, des bibliothèques populaires.

(C. E. P. Aveyron).

Pensée : On peut rougir de ne pas savoir ; il ne faut jamais rougir d'apprendre.

EXPLICATION DES MOTS EN ITALIQUE

Émancipe : au sens propre, signifie donner à un mineur le droit d'administrer lui-même ses biens (15 ou 18 ans). Ici ce mot signifie donner plus de liberté à l'esprit.

Affranchit : au sens propre, signifie déclarer exempt d'un impôt, d'une taxe. Ici signifie se délivrer de l'esclavage dans lequel vit l'ignorant.

Préjugé : croyance, opinion que l'on adopte sans en examiner la valeur (exemples).

Superstition : croyance à des choses fausses, inspirée par des craintes religieuses sans fondement (exemples).

Crédulité : facilité à croire à la légère, sans réflexion.

GRAMMAIRE ET ORTHOGRAPHE

Conjugaison du verbe *acquérir* aux principaux temps ; — remarque orthographique sur le futur simple et le conditionnel présent.

Conjugaison du verbe *dire* au présent de l'indicatif et et à l'impératif.

Médire fait : *vous médisez ; — médisez.*

QUESTIONS D'INTELLIGENCE

Pourquoi la culture de l'intelligence accroît-elle notre liberté et nous moralise-t-elle ?

Citez les occasions que vous avez de vous instruire ?

CALCUL

SYSTÈME MÉTRIQUE : LES LONGUEURS

Rappeler les inconvénients de l'ancien système de poids et de mesures ; il variait avec chaque province et les subdivisions étaient compliquées.

La Révolution française établit l'uniformité d'un nouveau système qui devint obligatoire en France, à partir de 1840.

Rappeler le nom des multiples et des sous-multiples du mètre et s'assurer par quelques exercices au tableau noir ou oraux, que les jeunes filles savent lire et écrire les mesures de longueur, et les réduire en unités d'espèce déterminée.

Nous recommandons :

1° de faire écrire les diverses longueurs les unes au-dessous des autres, comme s'il s'agissait de faire une addition ;

2° De rappeler ou d'apprendre comment se fait la preuve par 9 de la multiplication et de l'exiger pour chaque opération.

EXERCICE ÉCRIT

Pour faire une chemise il faut 2ᵐ 50 de toile valant 2 fr. 25 le mètre. La façon revenant à 24 fr. 50 par douzaine, et le fil et les boutons à 0 fr. 15 par chemise, combien faut-il revendre la douzaine pour gagner 0 fr. 75 par chemise ?

SOLUTION :

Toile nécessaire pour la confection de 12 chemises : 2^m 50 × 12 = 30^m

Prix de cette toile : 2 fr. 25 × 30 = 67 fr. 50.

Prix du fil et des boutons pour 12 chemises : 0 f. 15 × 12 = 1 fr. 80.

Prix de revient de 12 chemises : 67 fr. 50 + 24 fr. 50 + 1 fr. 80 = 93 fr. 80.

Bénéfice à réaliser sur la douzaine : 0 fr. 75 × 12 = 9 fr.

Prix de vente de la douzaine : 93 f. 80 + 9 = 102 fr. 80.

CALCUL MENTAL

1. — A 3 fr. 50 le mètre de dentelle, quel est le prix du dm, ? du dam. ? de l'hm ?

2. — Une couturière gagnant 1 fr. 25 par jour, combien lui revient-il pour 3, 5, 10 journées ?

3, — Les compagnies de chemin de fer font payer, en 3e classe, 0 fr. 049 par km. Combien paiera-t-on pour 10, 20, 50, 100 kilomètres ?

EXERCICE PRATIQUE DE FRANÇAIS

LES LETTRES D'AFFAIRES

Conseils. — La clarté et la précision sont les deux qualités essentielles de ces sortes de lettres. Dites donc clairement, sans préambule, compliments ou observations inutiles, ce que vous avez à dire et rien de plus.

S'il s'agit d'une commande, d'un achat ou d'une vente, donnez tous les détails nécessaires sur la qualité et la quantité des marchandises, leur prix convenu ou proposé, leur mode de transport et l'époque du paiement.

Terminez, suivant le cas, par une des formules suivantes : *J'ai l'honneur de vous saluer ;* ou bien : *Veuillez agréer mes sincères salutations ;* ou encore : *Je vous prie d'agréer mes respectueuses salutations.*

Signez très lisiblement, et faites suivre votre nom de votre adresse exacte, en indiquant, s'il y a lieu, le nom de la station de chemin de fer où doit se faire l'expédition.

LETTRE D'ACHAT

Faites une commande de divers articles de mercerie à la maison Toussaint, 20 rue St-Cyprien à Toulouse.

Plan

I. — Date et mode d'expédition.

II. — Énumération précise et complè e des divers articles.

III. — Date et mode de paiement.

IV. — Formule de politesse, signature et adresse.

SUJET TRAITÉ

St-Jean, le 3 octobre 1910.

Monsieur L. Toussaint,
  20, rue St-Cyprien, à Toulouse,

Je vous prie de vouloir bien m'expédier le plus tôt possible, par colis postal à domicile, gare de C... les articles suivants :

2 kg. épingles à cheveux droites n° 8 à 1 fr. 10 le kg. ;
500 épingles à cheveux ondulées n° 5 à 0 fr. 25 le cent ;
3 grosses épingles de sûreté, n° 10, à 1 fr. 50 la grosse ;
5 id agrafes assorties, noires et bl. à 0 f. 40 la gr.
1000 aiguilles à coudre, n° 2, qual. sup., à 2 f. 75 le mille ;
5 douzaines aiguilles à tricoter n° 6,0, à 0 fr. 80 la douz.

Vous pouvez fournir sur moi à 30 jours, avec escompte convenu de 3 p. %.

Comptant sur votre bienveillant empressement, veuillez agréer, Monsieur, mes sincères salutations.

MARIE SALVAN,
modiste à St-Jean, par V.... (Lot).

Postal à domicile, en gare de C... (Lot).

AUTRE EXERCICE

Ecrivez au nom de votre père à un de ses fournisseurs pour lui demander divers ai es.

N. B. — Afin de mieux apprendre à bien disposer les diverses parties d'une lettre (date, vedette etc...), nous conseillons aux maîtresses de les faire rédiger sur des feuilles de papier à lettre ad hoc.

ENSEIGNEMENT MÉNAGER

LES POTAGES ET LA SOUPE AUX CHOUX

La variété des potages est considérable ; nous avons fait choix de ceux qui nous ont paru les plus pratiques et les plus faciles. Comme le potage constitue presque partout la base de l'alimentation, il est utile de varie les soupes afin de ne pas être porté à abuser du pot-au-feu.

Nous supposons, dans les diverses préparations que nous allons examiner, qu'elles sont destinées à une famille de six personnes : le père, la mère et 4 enfants : la cuisine est faite à la graisse, et les recettes indiquées sont le fruit d'une expérience de plusieurs années.

Soupe aux choux

1° Faire bouillir environ 4 litres d'eau ;

2° Couper en morceaux les choux, dans un plat spécial et les ébouillanter en retirant l'eau nécessaire de la marmite déjà sur le feu ; quand l'eau est devenue tiède, on presse les choux dans les mains et on les jette dans la marmite ;

3° D'autre part, on a épluché quatre ou cinq pommes de terre, et après les avoir coupées en morceaux et lavées, on les jette dans la marmite ;

4° Ajouter une cuillerée à soupe de graisse ou mieux de lard fondu ;

5° Ajouter enfin le volume d'une bonne cuillerée à soupe de sel gros ;

6° Laisser bouillir le tout deux heures environ ;

7° Verser ensuite le liquide bouillant et le contenu de la marmite sur des tranches de pain, coupées mince.

Cette recette s'applique à toutes les soupes faites avec des légumes. Les choux sont remplacés par des raves, haricots verts, poireaux, etc...

Pour préparer le lard fondu, le couper en tranches assez minces, le hacher ou mieux l'écraser avec une boucharde ; faire fondre dans un vase en cuivre et placer la graisse obtenue dans des pots en terre soigneusement recouverts avec du papier fort et très propre.

2ᵉ RÉUNION

LECTURE

Les Femmes savantes

Dans sa comédie les Femmes savantes, Molière ridiculise avec une verve comique ces femmes pédantes que le souci de ne pas parler le français de Vaugelas, célèbre grammairien du 17ᵉ siècle, empêche de songer au ménage, de réparer les vêtements du mari et de surveiller l'éducation des enfants, des filles surtout. A la hautaine et acariâtre Philaminte, à la romanesque Bélise, à la fière et jalouse Armande, le poète comique oppose Chrysale, homme de bon sens et de raison malheureusement sans volonté, — l'aimable Henriette, type charmant de la jeune fille simple, sensée, discrète, à l'esprit droit.

De même que, dans Tartufe, Molière attaque non la vraie, mais la fausse dévotion, l'hypocrisie, — de même aussi dans les Femmes savantes, il attaque non pas l'instruction des femmes, — il veut qu'elles aient des clartés de tout, — mais bien ce sot et ridicule pédantisme qui leur enlève les aimables qualités de leur sexe, et leur fait négliger les devoirs les plus essentiels. Ce qu'il demande, ce sont des femmes ne dédaignant jamais les travaux du ménage, mais s'occupant aussi de cultiver leur esprit et leur cœur, par un juste et raisonnable équilibre d'activité ménagère, d'activité morale et d'activité intellectuelle.

Voici la comique et spirituelle scène qui précède le départ de la bonne servante Martine, que Philaminte et Bélise chassent parcequ'elle s'obstine à ne pas bien parler français.

ACTE II

SCÈNE VI

PHILAMINTE, BÉLISE, CHRYSALE, MARTINE.

PHILAMINTE

Quoi ? je vous dois, maraude ?
Vite, sortez, friponne, allons, quittez ces lieux,
Et ne vous présentez jamais devant mes yeux.

CHRYSALE

Tout doux.

PHILAMINTE

Non. C'en est fait.

CHRYSALE

Eh !

PHILAMINTE

Je veux qu'elle sorte.

CHRYSALE

Mais, qu'a-t-elle commis, pour vouloir de la sorte...?

PHILAMINTE

Quoi ? vous la soutenez ?

CHRYSALE

En aucune façon.

PHILAMINTE

Prenez-vous son parti contre moi ?

CHRYSALE

Mon Dieu ! non,
Je ne fais seulement que demander son crime.

PHILAMINTE

Suis-je pour la chasser sans cause légitime ? (1)

CHRYSALE

Je ne dis pas cela ; mais il faut de nos gens...

PHILAMINTE

Non, elle sortira, vous dis-je, de céans.

CHRYSALE

Hé bien ! Oui, vous dit-on quelque chose là contre ?

PHILAMINTE

Je ne veux point d'obstacle au désir que je montre.

CHRYSALE

D'accord.

PHILAMINTE

Et vous devez, en raisonnable époux,
Etre pour moi contre elle, et prendre mon courroux.

---

(1) Quel ridicule quand on apprendra tout à l'heure les motifs de l'exclusion de Martine !

CHRYSALE (*se tournant vers Martine*)

Aussi fais-je. Oui, ma femme avec raison vous chasse,
Coquine, et votre crime est indigne de grâce.

MARTINE

Qu'est-ce donc que j'ai fait ?

CHRYSALE (*bas*)

Ma foi ! je ne sais pas.

PHILAMINTE

Elle est d'humeur encore à n'en faire aucun cas.

CHRYSALE

A-t-elle, pour donner matière à votre haine,
Cassé quelque miroir ou quelque porcelaine ?

PHILAMINTE

Voudrais-je la chasser, et vous figurez-vous
Que pour si peu de chose on se mette en courroux ?

CHRYSALE

Qu'est-ce à dire ? L'affaire est donc considérable.

PHILAMINTE

Sans doute. Me voit-on femme déraisonnable ?

CHRYSALE

Est-ce qu'elle a laissé, d'un esprit négligent,
Dérober quelque aiguière ou quelque plat d'argent ?

PHILAMINTE

Cela ne serait rien.

CHRYSALE (*à Martine*)

Oh ! Oh ! peste la belle !

(*A Philaminte*)

Quoi ? l'avez-vous surprise à n'être pas fidèle ?

PHILAMINTE

C'est pis que tout cela ?

CHRYSALE

Pis que tout cela ?

PHILAMINTE

Pis.

CHRYSALE (*à Martine*)

Comment, diantre, friponne !
(*A Philaminte*)   Euh ! a-t-elle commis...?

PHILAMINTE

Elle a, d'une insolence à nulle autre pareille,
Après trente leçons, insulté mon oreille
Par l'impropriété d'un mot sauvage et bas,
Qu'en termes décisifs condamne Vaugelas.

CHRYSALE

Est-ce là...?

PHILAMINTE

Quoi ? toujours, malgré nos remontrances,
Heurter le fondement de toutes les sciences,
La grammaire qui sait régenter jusqu'aux rois,
Et les fait la main haute obéir à ses lois !

CHRYSALE

Du plus grand des forfaits je la croyais coupable.

PHILAMINTE

Quoi ? vous ne trouvez pas ce crime impardonnable ?

CHRYSALE

Si fait.

PHILAMINTE

Je voudrais bien que vous l'excusassiez.

CHRYSALE

Je n'ai garde.

BÉLISE

Il est vrai que ce sont des pitiés :
Toute construction est par elle détruite,
Et des lois du langage on l'a cent fois instruite.

MARTINE

Tout ce que vous prêchez est, je crois, bel et bon,
Mais je ne saurais, moi, parler votre jargon.

PHILAMINTE

L'impudente ! appeler un jargon le langage
Fondé sur la raison et sur le bel usage !

MARTINE

Quand on se fait entendre, on parle toujours bien.
Et tous vos biaux dictons ne servent pas de rien.

PHILAMINTE

Hé bien ! ne voilà pas encore de son style ?
Ne servent pas de rien !

BÉLISE

O cervelle indocile !
Faut-il qu'avec les soins qu'on prend incessamment,
On ne te puisse apprendre à parler congrûment ?
De pas mis avec rien tu fais la récidive,
Et c'est, comme on t'a dit, trop d'une négative.

MARTINE

Mon Dieu ! je n'avons pas élugué comme vous,
Et je parlons tout droit comme on parle cheux nous.

PHILAMINTE

Ah ! peut-on y tenir ?

BÉLISE

Quel solécisme horrible !

PHILAMINTE

En voilà pour tuer une oreille sensible.

BÉLISE

Ton esprit, je l'avoue, est bien matériel.
Je n'est qu'un singulier, avons un pluriel.
Veux-tu toute ta vie offenser la grammaire ?

MARTINE

Qui parle d'offenser grand'mère ni grand'père ?

PHILAMINTE

O ciel !

BÉLISE

Grammaire est prise à contre-sens par toi,
Et je t'ai déjà dit d'où vient ce mot.

MARTINE

Ma foi !
Qu'il vienne de Chaillot, d'Auteuil ou de Pontoise,
Cela ne me fait rien.

BÉLISE

Quelle âme villageoise !
La grammaire, du verbe et du nominatif,
Comme de l'adjectif avec le substantif,
Nous enseigne les lois.

MARTINE

J'ai madame, à vous dire
Que je ne connais point ces gens là.

PHILAMINTE

Quel martyre !

BÉLISE

Ce sont les noms des mots, et l'on doit regarder
En quoi c'est qu'il les faut faire ensemble accorder.

MARTINE

Qu'ils s'accordent entre eux, ou se gourment, qu'importe.

PHILAMINTE (*à sa sœur*)

Eh ! mon Dieu ! finissez un discours de la sorte.

(*A son mari*)

Vous ne voulez pas, vous, me la faire sortir ?

CHRYSALE (*à part*)

Si fait. A son caprice il me faut consentir.
(*A Martine*)   Va, ne l'irrite point : retire-toi, Martine.

PHILAMINTE

Comment ? vous avez peur d'offenser la coquine ?
Vous lui parlez d'un ton tout à fait obligeant ?

CHRYSALE (*d'un ton ferme*)

Moi ? point. Allons sortez. — (*bas*) Va-t'en ma pauvre
enfant.

Molière (1622-73)

2ᵉ RÉUNION

L'Institutrice signalera le caractère et les dangers de quelques défauts qui paraissent l'apanage de notre sexe.

1° *Le bavardage*, habitude de parler sans retenue, à tout propos et hors de propos, de choses vaines et frivoles. Et de qui parle-t-on ? Généralement peu de soi et beaucoup des autres. La toilette, les affaires mondaines, les mille petites intrigues, les aventures quotidiennes, le plus souvent grossies ou dénaturées par l'imagination, sont l'aliment ordinaire de ces perpétuels entretiens. Le bavardage conduit fatalement à la médisance, puis à la calomnie ;

2° *La curiosité*, cette avide et gourmande passion de nouvelles — car il ne saurait être ici question de cette bonne et saine curiosité ayant l'instruction et l'éducation pour objet — qui nous porte à toutes les indélicatesses, à l'espionnage, à l'envie, à la médisance aussi. Cette malsaine curiosité devient une véritable maladie, bravant tout, se manifestant sous les plus futiles prétextes et dépensant en pure perte le temps et l'attention ;

3° *La coquetterie* de mauvais aloi — qu'il ne faut pas confondre avec ce souci légitime de plaire — et qui consiste à se composer une démarche, une tenue, un son de voix, pour paraître ce qu'on n'est pas en réalité. Cette sorte de travestissement est une espèce de menterie continuelle qui fait perdre le naturel et nous aliène l'estime d'autrui ;

4° *La jalousie*, sentiment bas et méprisable qui nous fait réjouir du malheur des autres et attrister de leur bonheur. Il semble à la jeune fille jalouse que tout ce qu'on donne aux autres lui est ravi à elle-même et que tout ce qui les élève la rabaisse. Elle est la source de ces animosités proverbiales qui empoisonnent l'existence et poussent aux pires excès.

Mettre les jeunes filles en garde contre ces défauts, dont on ne se méfie pas assez, sous prétexte qu'ils sont inhérents à notre nature et qu'ils n'ont pas grande importance : les vices les plus dégradants sont les enfants des petits défauts.

DICTÉE

Les petits défauts

Il ne faut pas mépriser les petits défauts. Il n'est si petit ennemi qui ne puisse nuire à la longue. Ce ne sont pas les éléphants qui détruisent les moissons et ruinent les laboureurs dans les plaines de la Beauce, ce sont les sauterelles et les petites chenilles, quand les blés sont en herbe ; les charançons et autres insectes *imperceptibles*, quand ils sont mûrs.

D'ailleurs un petit défaut est toujours le commencement d'un grand ; les vices eux-mêmes sont les enfants des petits défauts. Rien ne grandit et ne grossit plus vite qu'un petit défaut ; rien ne multiplie plus promptement.

La vanité passe pour être un petit défaut. Pas si petit ! car elle ment toute la journée. Quand vous faites une faute, qui est-ce qui, au lieu de l'avouer, la nie ? C'est elle. Quand un autre fait mieux qu'elle, qui est-ce qui refuse de confesser son infériorité et de reconnaître la supériorité d'autrui ? C'est elle encore.

Le mensonge est donc le fils de la vanité. Je lui vois en outre deux filles, toutes deux *pires* l'une que l'autre : la jalousie et l'envie, d'où naît fatalement la haine, mère à son tour de bien des crimes. Que dites-vous de votre petit défaut de sa jolie *progéniture* ?

STAHL. (Morale familière).

Pensée. — Envie de paraître est source de ruine.

EXPLICATION DES MOTS EN ITALIQUE

Imperceptible : qui est à peine visible, parce que très petit ; —

Pire : plus nuisible, plus mauvais que... ; —

Progéniture : enfants, descendants de l'homme ; petits des animaux.

Au figuré, descendance d'une chose, d'un défaut.

GRAMMAIRE ET ORTHOGRAPHE

Faire conjuguer au futur et au conditionnel prés. les verbes *multiplier, nier, avouer,* qui conservent l'e muet dans toutes les personnes.

Multiplier et nier, aux deux premières pers. du plur. de l'impératif, de l'indic. et du prés. du subj., prennent deux i de suite.

Mots de la même famille que : *naître* (renaître, naissance, connaître, connaissance, reconnaissance, reconnaître, méconnaître, etc.:...) ; —

Défaut (défectueux, défectuosité, défectueusement) —

Distinguer le subst. *envie* de l'expression *à l'envi,* signifiant à qui mieux mieux.

QUESTIONS D'INTELLIGENCE

Citez quelques exemples qui prouvent que le mensonge, la jalousie, l'envie et la haine, sont généralement inspirés par la vanité ?

Pourquoi les petits défauts se développent-ils et se multiplient-ils si rapidement ?

CALCUL

MESURES EFFECTIVES ET MESURES ITINÉRAIRES DE LONGUEUR

Distinguer les mesures *effectives* ou *réelles* de.longueur des mesures *fictives*.

Nommer les mesures effectives : *le double décamètre, le décamètre, le demi décamètre, le double mètre, le mètre, le demi-mètre, le double décimètre et le décimètre.*

Les deux dernières mesures, en bois, en métal ou en ivoire, sont employées en dessin linéaire :

Le demi-mètre, le mètre et le double mètre, en cuivre, en ivoire, en bois, droits ou pliants, ou sous forme de ruban, sont employés par les ouvriers, les couturières, etc... ;

Le demi-décamètre, le décamètre et le double décamètre, sous forme de chaines ou de rubans métalliques, servent à la mesure des routes, terrains, constructions, etc....

Dans certaines régions, le double mètre est encore appelé *canne*, et la longueur de 25 centimètres (1/4 de mètre) est appelé *pan*.

Les mesures itinéraires, qui servent à évaluer les grandes longueurs (routes, canaux, voies ferrées), sont toutes fictives : ce sont l'hectomètre (Hm), le kilomètre (Km) et le myriamètre (Mm).

Reproduire au tableau noir, une des plaques indicatrices qu'on trouve aux carrefours des routes et expliquer les indications qui s'y trouvent. Elles sont enlevées en temps de guerre, dans la région où peut opérer l'ennemi, afin qu'il ne puisse utiliser les renseignements qui y figurent.

Rappeler que la lieue métrique vaut 4 Km.

EXERCICE ÉCRIT

On achète une pièce de toile écrue ayant 7 dam 1/2 de longueur, à raison de 1 fr. 60 le mètre. Le lavage la raccourcit de 0m 015 par mètre. Combien de paires de draps de 2m 50 de longueur, pourra-t-on faire avec cette toile si les ourlets du haut et du bas prennent chacun 0m 025, et quel sera le prix de la toile employée pour chaque drap ?

SOLUTION

Diminution de longueur par le
  lavage :................... $0{,}015 \times 75 = 1^m{,}125.$
Longueur réelle de la pièce :. $75 - 1{,}125 = 73^m875.$
Longueur nécessaire pour un
  drap :.................... $2{,}50 + (0{,}085 \times 2) = 2^m{,}55.$
Nombre de paires de draps : $\dfrac{73,\ 875}{2,55 \times 2} = 14$ pair. $+ 2^m47$
Prix de la toile employée pour
  un drap :................. 1 fr. $60 \times 2{,}55 \quad 4$ fr. $08.$

CALCUL MENTAL

Pour multiplier un nombre par 4 on multiplie par 2 le double de ce nombre. — Pour diviser un nombre par 4, on prend la moitié de la moitié de ce nombre.

1. — Réduire en lieues 36, 48, 64, 120 Km ?

2. — Combien font de Km, ou d'Hm, 7, 15, 25, 72 lieues ?

3. — A 0 fr. 30 le pan, quel serait le prix du mètre, de 4 m., du dam, etc... ?

DROIT USUEL

DES ACTES SOUS SEING-PRIVÉ. — LE BILLET ORDINAIRE

Les jeunes filles et les femmes, comme les hommes, auront à faire dans le courant de leur vie, des applications plus ou moins nombreuses des règles essentielles du Droit. Les femmes célibataires, veuves ou mariées, ont, en principe, la même condition juridique que l'homme. Nous parlerons plus tard des conditions spéciales dans lesquelles se trouve la femme mariée. Il est donc utile de donner aux jeunes filles quelques notions pratiques, simples et sûres, sur la marche à suivre pour rédiger elles-mêmes les actes sous seing-privé, autorisés par la loi. Si certains actes (*contrat de mariage, donation entre vifs etc...*) ne peuvent être faits qu'avec le secours d'un notaire, la plupart des affaires courantes peuvent être réglées par des actes sous seing-privé, dont la valeur légale est absolument la même que celle des actes notariés — qui se paient généralement fort cher —, pourvu qu'ils soient rédigés dans les formes et conditions prévues par la loi.

Avec les modèles que nous donnons, toute personne sachant lire et écrire pourra se passer du notaire et économiser quelques beaux écus. Si l'une des parties obligées dans un acte ne savait pas signer, l'intervention du notaire serait nécessaire.

Nous conseillons aux maîtresses de se procurer autant que possible, des actes réels du genre de ceux à rédiger, de faire écrire ces divers modèles sur feuilles ayant les dimensions du papier timbré imposé par la loi, en faisant indiquer par des empreintes la place des timbres fixes ou mobiles.

BILLET ORDINAIRE OU RECONNAISSANCE D'EMPRUNT

Louise Jourdan, épicière à Bort, (Corrèze) emprunte, pour deux ou trois ans, 250 francs au sieur Paul Ledrat du même lieu, avec intérêt annuel de 4 p. %.

Faire la reconnaissance d'emprunt.

MODÈLE

Je soussignée Louise Jourdan, domiciliée à Bort (Corrèze) reconnais que M. Paul Ledrat, propriétaire, domicilié au même lieu, m'a prêté la somme de deux cent cinquante francs, que je m'engage à lui rembourser en son domicile, dans deux ans de date, avec intérêt à quatre pour cent, payables chaque année échue.

Fait à Bort, le quinze octobre mil neuf cent dix.

L. JOURDAN.

Observations. — Ce billet devrait être écrit sur feuille de papier timbré de 0 fr. 15, vendu chez le receveur d'enregistrement ou dans certains bureaux de tabac (0 fr. 05 par fraction de 100 francs).

Si le billet n'était pas écrit de la main même de celle

qui le souscrit, il serait prudent de faire précéder la date et la signature, des mots : *Bon pour deux cinquante francs*, écrits par la signataire du billet.

Faire observer que la somme prêtée doit être écrite en toutes lettres, et non pas en chiffres seulement.

Si la reconnaissance n'indique pas expressément le taux de l'intérêt à payer, il n'en est pas dû. Si le lieu où la dette doit être payée n'est pas nettement indiqué dans le corps du billet, *le créancier* ou prêteur est obligé d'aller recevoir son argent chez *le débiteur* ou emprunteur.

N. B. — Excepté pour certains actes, tels que le mariage, ou l'adoption, toute personne âgée de 21 ans accomplis est capable de tous les actes de la vie civile et est liée par les engagements qu'elle a contractés, sauf les cas d'erreur, de violence ou de dol.

Au point de vue pénal, la majorité est fixée à 16 ans accomplis, au moment du délit.

ECONOMIE DOMESTIQUE

LA CUISINE-SALLE A MANGER ET SON AMÉNAGEMENT

Dans beaucoup de ménages, la cuisine sert en même temps de salle à manger.

Nécessité de rendre cet appartement sain et agréable et rôle de la jeune fille.

I. — Pour qu'elle soit saine, il faut :

1° Que l'air et la lumière y circulent librement et en abondance ;

2° Que la propreté y règne.

Faire observer qu'il ne saurait être question de demander la construction de cuisines modernes avec tout le confort désirable ; il suffira de tirer le meilleur parti possible des constructions actuelles, en s'inspirant des conseils pratiques que l'institutrice jugera utiles, après sa visite aux familles.

Ainsi une fenêtre, si ce n'est deux, remplacera avantageusement la lucarne ou le vasistas ; autant que possible, il faudra avoir vers la partie supérieure de la cuisine un échappement pour la buée, la fumée et les mauvaises odeurs ; la cheminée et les ouvertures ordinaires, qu'il ne faut pas craindre d'ouvrir largement, y suppléent dans une certaine mesure.

La *propreté* de la cuisine ne peut être obtenue que par le lavage quotidien à grande eau, du sol, s'il est en carreaux ou en ciment ; ou au torchon mouillé, s'il est en bois; les murs seront badigeonnés avec un lait de chaux chaque fois que le besoin s'en fera sentir et les boiseries seront nettoyées à l'aide d'une éponge humide qu'on aura préalablement posée sur de la poudre de pierre ponce finement pulvérisée.

Voir plus loin ce qui a trait à l'entretien des meubles et ustensiles de cuisine.

II. — Pour que la cuisine soit agréable il faut, en plus de ce qui vient d'être dit :

1° Que le fourneau ou la cheminée tirent bien ;

2° Que les meubles et les ustensiles y soient convenablement disposés ;

3° Qu'elle soit ornée simplement et avec goût.

Signaler les inconvénients des réchauds à charbon de bois, les antiques potagers, — qu'il faut absolument proscrire quand ils ne communiquent pas avec une cheminée de dégagement — et les avantages du fourneau, facile à déplacer, à nettoyer et se prêtant à toutes les modifications et à tous les usages possibles ; il sera de préférence adossé au mur. — Disposition des divers meubles.

Utilité et place des planches destinées à recevoir les ustensiles qu'on ne peut accrocher (chaudrons, bassine, brûloir, bidons, etc...) ; — des porte-casserole en bois ou en fer ; d'un garde-manger, des boîtes de nettoyage, à outils, etc... — Disposition des casseroles par rang de taille et dans un ordre déterminé (cuivre, fer battu, fer blanc, fonte émaillée, fonte, etc...)

On peut orner la cuisine - salle à manger :

1° En recouvrant les planches de papier de couleur, de toile cirée, formant des festons ;

2° *En y disposant quelques vases de fleurs des champs ou de verdure ;*

3° *En plaçant aux murs, quelques gravures de bon goût, quelques tableaux, des plats ou des assiettes en faïence, imitant les faïences anciennes et qu'on peut se procurer aujourd'hui à bon marché.*

4ᵉ RÉUNION

LECTURE

Le secret de Gertrude

Gertrude de Mauprié, orpheline de bonne heure, a été recueillie par une sœur de sa mère Mᵐᵉ Vᵛᵉ de Mauprié, mère elle-même de deux garçons, Gaspard et Xavier, et de deux filles, Reine et Honorine. Tandis que Xavier témoigne à la jeune orpheline une très vive sympathie, tous les autres membres de la famille l'humilient et la rudolent à chaque occasion. Aussi a-t-elle quitté cette famille pour aller apprendre le métier de modiste chez les demoiselles Pêche, à la ville voisine.

A la suite de circonstances diverses, elle quitte ce magasin, loue une chambre en ville et s'y consacre aux soins d'un bébé qui lui a été particulièrement recommandé par son oncle en mourant. Aussitôt les langues se délient et vont bon train.

La nouvelle se répandit à petit bruit dans le village, comme une pluie qui filtre à travers la feuillée d'un bois. Ce ne furent d'abord que des chuchotements épars semblables aux gouttes d'eau roulant de feuille en feuille, puis les rumeurs grossirent en passant d'une rue à l'autre, et bientôt une tumultueuse averse de commérages ruissela de tous côtés. La famille de Gertrude fut instruite l'une des premières, et l'une des premières aussi fit éclater son indignation.

— Oh ! oh ! dit Gaspard après avoir lancé un juron formidable, on apprend du nouveau tous les jours !... Où cela s'arrêtera-t-il, bonté divine ?...

— C'est une abomination ! s'écria Honorine.

— Pour l'honneur de la famille, ajouta Mᵐᵉ de Mauprié, il faut que ce scandale soit éclairci au plus vite.

Dès demain, Honorine, tu te rendras à B.., près de ces modistes, chez lesquelles Gertrude a travaillé !...

Le surlendemain matin, Honorine arrivait au magasin des demoiselles Pêche. Elle y fut reçue par la grande Héloïse qui saisit avidement l'occasion de raconter tout ce qu'elle soupçonnait, de sorte que la sœur de Reine revint à Lachalade complètement édifiée sur ce qu'elle nommait déjà la faute de sa malheureuse parente. Lorsqu'au repas du soir, en rougissant vertueusement, elle fit connaître le résultat de son enquête, la veuve poussa de longs gémissements. Elle se fut volontiers couvert la tête d'un sac, comme les Juifs de l'ancien Testament.

— Quelle honte ! s'écria-t-elle en marchant avec vivacité à travers la salle, et qui se serait attendu à une pareille affliction ?

— Moi, rien ne m'étonne plus ! grommela Gaspard.

Reine ne disait rien, mais intérieurement elle regrettait fort l'absence de Xavier. Elle songeait à la figure que ferait son frère en apprenant cet esclandre, et se promettait d'être la première à l'en informer à son retour. En attendant, bien que la veuve eût recommandé avec affectation de jeter un voile sur ce désastre de famille, elle ne laissait échapper aucune occasion de répandre les nouvelles rapportées de B... par Honorine. Mᵐᵉ de Mauprié, du reste, y aidait elle-même.

Elle se gardait de dire la chose ouvertement, mais lorsqu'on lui parlait de Gertrude, elle avait une mine si mélancolique, elle poussait de tels hélas ! et se servait de si perfides insinuations, que la culpabilité de sa nièce n'en devenait que plus évidente pour l'auditoire.

Bientôt le village entier ne douta plus de la faute de Gertrude. Celle-ci, confinée dans sa solitude de l'Abbatiale, ignorait tout ce bruit. Très occupée de l'installation de l'enfant, elle avait à peine mis les pieds dehors pour huit jours. L'orphelin était arrivé nu comme un ver, et il avait tout d'abord fallu s'occuper d'un trousseau. Grâce à la fille du vannier, Gertrude avait mené cette tâche à bonne fin. Maintenant le marmot avait le nécessaire : il était chaudement emmaillotté, tendrement choyé par ceux qui l'entouraient, aussi sa figure s'était épanouie ; il ne pleurait presque plus, gazouillait comme un jeune merle et se prélassait comme un petit roi dans sa bercelonnette. Sa voix argentine, ses mignonnes façons d'enfant réjouissaient Gertrude et l'empêchaient de penser trop souvent à la confidence embarrassante qu'il faudrait faire à Xavier. Elle tremblait que cette aventure ne lui fut contée par une autre personne, et qu'il n'arrivât à l'Abbatiale déjà prévenu. Elle ne doutait pas un moment qu'il n'acceptât ses sincères explications, mais elle était si fière qu'elle aurait voulu être devinée, sans avoir à s'expliquer. La seule pensée du premier étonnement de Xavier était déjà pénible pour elle, et la seule idée d'un soupçon pouvant traverser le cerveau du bien-aimé, même avec la rapidité de l'éclair, suffisait pour la mettre hors d'elle-même. Elle regrettait maintenant de ne pas lui avoir tout dit lors de sa visite à l'atelier, et elle attendait son retour avec une impatience fiévreuse.

Sachant qu'il devait rentrer le samedi dans la nuit, elle comptait le voir dès le dimanche matin ; aussi les cloches de Lachalade n'avaient pas sonné la première messe que sa toilette était déjà faite. L'enfant sommeillait encore dans sa bercelonnette masquée par un grand rideau, et Gertrude achevait de mettre la chambre en ordre, lorsqu'elle entendait tout à coup le bruit d'un pas rapide dans l'escalier... Son cœur battait avec violence. On frappa brusquement à la porte, et, avant qu'elle eût pris le temps de répondre, Xavier s'élança dans la chambre. Il était si pâle et paraissait si agité que Gertrude poussa un cri de surprise.

— Qu'est-il arrivé ? demanda-t-elle avec inquiétude.

— Avant tout, dit Xavier, d'une voix assourdie par l'émotion, réponds-moi... Est-il vrai que tu caches ici un enfant ?

— Je ne le cache pas... Le voici !

Elle souleva le rideau et montra l'enfant endormi. Xavier détourna la tête, et, faisant un geste de colère :

— Assez ! murmura-t-il, cela me suffit.

Puis il marcha dans la chambre, les lèvres serrées. Le regard attristé de Gertrude ne le quittait pas.

— Au moins, reprit-il avec une amère et subite violence, que ne parliez-vous plus tôt ? A quoi bon vous jouer de ma tendresse et mentir ?

— Moi, j'ai menti ! s'écria la jeune fille indignée.

— Cet enfant n'est-il pas le vôtre !...

Gertrude pâlit d'abord extrêmement, puis une vive rougeur lui remonta au front, toute sa fierté se révolta.

— Vous l'avez cru... et vous osez me le dire ?

— Je ne suis pas le seul... Les demoiselles Pêche, ma mère et tout le village vous accusent.

-- Vous l'avez cru ? répéta-t-elle atterrée.

— Ah ! je voudrais ne pas le croire ! D'où sort cet enfant ?... Expliquez-vous ; j'ai le droit de savoir la vérité... Je l'exige !

— Vous exigez, maintenant !...

Elle sourit amèrement, puis faisant un effort pour se contenir, elle ajouta :

— Je n'ai rien à vous dire.

— Quoi ! vous refusez de répondre aux accusations répandues contre vous ?

— Je les méprise.

A. Theuriet (1833-1907).

(Extrait du *Secret de Gertrude*. -- Dentu édit.)

5me RÉUNION

Aux défauts spécialement féminins, correspondent des qualités, des vertus féminines qui paraissent particulièrement nécessaires aux femmes pour remplir leur rôle spécial dans notre société moderne.

Contentons-nous d'en signaler, cette année, quatre principales :

1° *La bonté*, qui consiste à travailler de son mieux, en toute occasion, au bonheur des autres. Elle se traduit en menus actes d'attention et de délicatesse, en fréquents sacrifices qui font de la femme la grande consolatrice. Mais la bonté vraie et sincère ne doit pas dégénérer en niaiserie et en coupable faiblesse ; elle doit unir au contraire la fermeté à la douceur. La bonté doit être ferme, c'est-à-dire inspirée par une volonté éclairée mise au service de principes bien compris et bien établis : — elle doit être douce, la douceur étant la manifestation extérieure de la vraie charité.

Mettre les jeunes filles en garde contre cette bonté larmoyante, cette sensiblerie, qui n'est au fond, qu'une fausse bonté ; —

2° *La simplicité*, qui sera le fruit naturel d'une éducation raisonnée et d'études sérieuses. Etre simple, c'est mépriser tout ce qui n'est pas naturel et normal, tout ce qui donne à l'esprit et au cœur une fausse apparence de savoir ou de bonté. Les jeunes filles simples seront ennemies de toute pose ; de cette coquetterie qui s'oppose à la véritable élégance et de ces artifices de toilette, réprouvés par le bon ton et le bon goût ; elles éviteront soigneusement ces prétentions ridicules qui se manifestent par un langage affecté, indice d'une mauvaise éducation ; —

Faire observer que de la vraie simplicité découlent la bonne tenue, la bonne grâce, et le souci de la dignité personnelle, le meilleur et le plus sûr garant du respect ;

3° *L'ordre et l'économie* bien entendue, auxquels il faut s'habituer de bonne heure, car ce sont là des qualités indispensables pour assurer l'indépendance et la prospérité des familles. L'ordre exclut la précipitation et n'a rien de commun avec la minutie. L'économie a pour fondement le travail et l'épargne, et est également éloignée de l'avarice et de la prodigalité.

Recommander les dépôts mensuels à la Caisse d'Epargne.

DICTÉE

Soyez indulgentes et bonnes

Ma sœur Henriette ne s'est jamais moquée de personne. La *malignité* lui était odieuse ; elle y voyait quelque chose de cruel. Je me rappelle qu'à un *pardon* de Basse-Bretagne où l'on allait en bateau, notre barque était précédée d'une autre où se trouvaient des dames pauvres qui, ayant voulu se faire belles pour la fête, étaient tombées dans des arrangements de toilette *chétifs* et de mauvais goût. Les personnes avec qui nous étions en riaient et les pauvres dames s'en apercevaient. Je les vis fondre en larmes : accueillir par le *persiflage* de bonnes personnes qui oubliaient un instant leurs malheurs pour s'épanouir, et qui, peut-être, se mettaient dans la gène par déférence pour le public, lui sembla une barbarie. A ses yeux, l'être ridicule était à plaindre, dès lors, elle l'aimait, et elle était pour lui contre le railleur.

E. RENAN. (*Ma sœur Henriette*).

Pensée. — Il y a quelque chose de plus fort que toutes

les colères et toutes les violences d'un homme, c'est la douceur d'une honnête femme.

EXPLICATION DES MOTS EN ITALIQUE

Malignité : Méchanceté dissimulée et mesquine qui se manifeste par des actions ou des paroles malicieuses.

Pardon : Pélerinage breton. — Signifie aussi rémission d'une faute, d'une offense.

Chétifs : Signifie ici, sans valeur, mauvais. Employé ordinairement pour désigner une personne de constitution maladive, faible, délicate.

Persiflage : Action de se moquer d'une personne, d'une chose, par des paroles ironiques.

GRAMMAIRE ET ORTHOGRAPHE

Distinguer : 1° *où*, adverbe de lieu, de *ou* conjonction. (Exemples) ; —

2° *Peut-être*, marquant le doute, de *peut être* (pouvoir être) ; —

3° *Déférence* de *différence, accueillir* de *recueillir*. — Conjuguer à l'imparf. de l'indic. et au futur, les verbes *voir, aller, rire, oublier*. —

QUESTIONS D'INTELLIGENCE

Pourquoi la malignité peut-elle devenir cruelle ?

Indiquer quelques raisons de plaindre les êtres ridicules, et dites comment on pourrait les corriger de ce travers ?

Que pensez-vous de la pensée précédente ?

COMPTABILITÉ

FACTURES ET RÉCEPTION DE MARCHANDISES

Une *facture* est la note détaillée, établie par le fournisseur, des marchandises vendues à une personne. La distinguer du *mémoire*, facture spéciale aux entrepreneurs de travaux, — et de la *note*, relevé des fournitures et des marchandises fournies par un tailleur, cordonnier, boulanger, couturière, etc...

La facture doit indiquer :

1° Le nom et l'adresse du vendeur ;

2° Le lieu et la date de l'expédition ;

3° Le nom et l'adresse de l'acheteur précédés du mot **Doit** ;

4° Le mode d'expédition, le lieu et la date du paiement ;

5° Les marques, numéros, nombre, mesure ou poids des marchandises ;

6° La nature, la quantité des marchandises, le prix de l'unité et le produit de la quantité par le prix de l'unité ;

7° Les tares s'il y a lieu et frais divers (emballage, expédition, etc...) ;

8° Les escomptes ou rabais à retrancher ;

9° Le total net à payer.

Toutes ces indications ont leur importance s'il s'agit de marchandises expédiées par voiture ou par chemin de fer ; mais, dans la pratique, on supprime quelques indications secondaires.

Ces sortes de factures appelées *factures d'expédition*, sont ordinairement expédiées sous enveloppe ouverte, affranchie à cinq centimes.

(Voir plus loin ce qui se rapporte à l'acquit des factures. — 7° réunion).

Réception de marchandises. — Dès que les marchandises sont rendues en magasin, il faut les *reconnaître*, c'est-à-dire vérifier si l'envoi est conforme à la facture, aux quantités et prix convenus, lors de la commande.

Recommander d'exiger des voyageurs un *double* de commission, quand la commande est faite verbalement ou avoir soin de conserver un double de la commande écrite.

En cas de non conformité, adresser immédiatement une réclamation à l'expéditeur.

Avant de placer les marchandises à l'endroit qui leur est affecté, attacher à chacune une étiquette indiquant le prix de vente.

(Montrer aux jeunes filles quelques modèles de factures de couturières, modiste, commerçantes, etc..., et leur faire prendre copie du modèle suivant, en leur laissant le soin de calculer le montant de chaque marchandise, le montant de l'escompte, et le total net à payer).

Nous donnons ci-après, pour modèles de facture, celle qui accompagnerait la commande faite comme exercice de français (1re réunion).

MODÈLE DE FACTURE

L. TOUSSAINT, mercerie, bonneterie
20, rue St-Cyprien, à TOULOUSE..

Toulouse le 7 octobre 1910.

Doit Mademoiselle Marie SALVAN, modiste à Saint-Jean (Lot).

les articles suivants, expédiés, ce jour, en postal, à domicile, gare de C... payables à Toulouse, à 30 jours avec escompte 3 p. 0/0.

Marque	Nᵒˢ	Nombre		PRIX de l'unité		PRIX TOTAL	
Caisse	8	2	Kilos épingles à cheveux droites...................	1	10	2	20
M. S.	5	500	Epingles à cheveux ondulées.......................	0	25	1	25
	10	3	Grosses épingles de sûreté.......................	1	50	4	50
	1-2-3	5	id. agrafes assorties noires et blanches..........	0	40	2	»
	2	1000	Aiguilles à coudre, qualité supérieure......... le 0/00	2	75	2	75
	6/0	5	Douzaines aiguilles à tricoter....................	0	80	4	»
			Total brut....			18	70
			Escompte 3 p. 0/0....			0	55
			Net à payer en mandat poste le 8 novembre 1910...			18	15

EXERCICE FRANÇAIS

LETTRE DE RÉCLAMATION

Conseils. — Si, dans une lettre de réclamation, on a le droit de manifester sa surprise ou son mécontentement, on a aussi le devoir — une jeune fille surtout — d'être polie et de ne pas humilier celui ou celle auxquels on s'adresse, par un ton hautain, par des prétentions déplacées ou par des récriminations exagérées.

Dans le cas particulier qui nous occupe, il faut savoir que, sauf le cas de force majeure, lorsque le postal a été perdu, spolié ou avarié, l'expéditeur, et à défaut ou sur la demande de celui-ci, le destinataire a droit à une indemnité qui ne peut dépasser, pour les colis ordinaires 15, 25 ou 40 francs, suivant qu'il s'agit d'un colis de 3, 5 ou 10 kilos, plus la restitution des frais d'expédition si le colis a été perdu.

Faire la vérification du contenu en présence du représentant de la compagnie.

Cette indemnité ne serait pas due si le dommage avait été causé par la faute ou la négligence de l'expéditeur ou provenait de la nature de l'objet.

La perte des colis postaux à valeur déclarée donne droit au remboursement intégral.

Indiquer le prix des 3 catégories de colis postaux (voir le calendrier postal) et faire remplir aux jeunes filles une feuille d'expédition ou leur en faire prendre une copie.

SUJET

Le colis postal expédié par la maison Toussaint vous est arrivé en mauvais état avec plusieurs articles manquants. Adressez une demande d'indemnité au chef de station.

Plan

I. — Signaler le mauvais état du colis constaté par le correspondant.

II. — Indiquer les articles manquants et leur valeur.

III. — Indemnité demandée.

IV. — Formule de politesse.

SUJET TRAITÉ

St-Jean, le 12 octobre 1910.

Monsieur le chef de station,

J'ai l'honneur de vous informer que le colis postal de 4 kilos 800 expédié à mon adresse, le 7 courant, par la maison Toussaint de Toulouse, m'a été remis hier, en fort mauvais état, par le correspondant de la Compagnie, M. V...

Après lui avoir fait constater qu'un coin du couvercle était enlevé, et permettait la soustraction des objets contenus dans la petite caisse, j'en ai vérifié le contenu en sa présence. Il y manquait :

2 grosses épingles de sûreté à 1 fr. 50 la grosse ;

1000 aiguilles à coudre à 2 fr. 75 le %₀ ;

4 douzaines aiguilles à tricoter à 0 fr. 80 la douzaine ; représentant une valeur totale de 8 fr. 95.

Je vous serais très obligé de vouloir bien me faire parvenir le montant des objets égarés ou soustraits en cours de route.

Dans cette attente, veuillez agréer, Monsieur le chef de station, mes remerciements anticipés.

M. SALVAN, modiste,
à St-Jean, par V... (Lot).

AUTRES SUJETS

1. — Certains articles de la commande précédente ont été oubliés ou remplacés par d'autres. Adressez une réclamation à la maison Toussaint.

2. — L'expédition n'ayant pas été faite en temps utile, vous écrivez à la maison Toussaint que vous ne pouvez accepter maintenant la commande négligée.

ENSEIGNEMENT MÉNAGER

Ragoût de mouton aux pommes de terre

Pour la préparation de ce mets, aussi appelé *haricot*

de mouton, on emploie des morceaux de viande de qualité inférieure (*épaule, poitrine, collet, etc...*)

1° Faire fondre dans une casserole une bonne cueillerée de graisse ou de lard fondu ;

2° Découper environ 500 grammes de viande en morceaux de 50 à 100 grammes et les faire roussir dans la casserole, en y ajoutant quelques carottes, un ou deux petits oignons coupés et une tomate si on en a ;

3° Quand la viande, retournée en tout sens, a pris une couleur dorée, ajouter de l'eau de façon à ce que la viande soit à peu près juste couverte ;

4° Ajouter le sel, un peu de poivre, de persil, d'ail, une feuille de laurier et laisser cuire pendant une heure environ ;

5° Au bout de ce temps, mettre dans la casserole 3 ou 4 pommes de terre, suivant la grosseur, coupées en deux ou quatre parties ;

6° Couvrir le tout et laisser cuire à petit feu pendant une heure environ.

6ᵉ RÉUNION

LECTURE

La Esméralda

Les lignes qui suivent sont extraites de *Notre Dame de Paris*, le célèbre roman historique de V. Hugo.

La Esméralda, l'héroïne de ce roman, est une gracieuse bohémienne, dansant aux sons d'un tambour de basque en faisant travailler une chèvre savante. L'ensemble de l'œuvre constitue une étonnante évocation de Paris au 15ᵉ siècle, avec ses maisons sombres, ses rues tortueuses, sa population grouillante de truands et de gueux, le tout dominé par l'immense et haute cathédrale, centre de l'œuvre tout entière.

Dans un vaste espace laissé libre entre la foule et le feu, une jeune fille dansait.

Si cette jeune fille était un être humain, ou une fée, ou un ange, c'est ce que Gringoire (1) tout philosophe scep-

---

(1) Poète satirique du 16ᵉ siècle, mis souvent en scène dans ce roman.

tique, tout poète ironique qu'il était, ne put décider dans le premier moment, tant il fut fasciné par cette éblouissante vision.

Elle n'était pas grande, mais elle le semblait,, tant sa fine taille s'élançait hardiment. Elle était brune, mais on devinait que le jour sa peau devait avoir ce beau reflet doré des Andalouses et des Romaines. Son petit pied aussi était andalou, car il était tout ensemble à l'étroit et à l'aise dans sa gracieuse chaussure. Elle dansait, elle tournait, elle tourbillonnait sur un vieux tapis de Perse, jeté négligemment sous ses pieds ; et chaque fois qu'en tournoyant sa rayonnante figure passait devant vous, ses grands yeux noirs vous jetaient un éclair.

Autour d'elle, tous les regards étaient fixés, toutes les bouches ouvertes ; et en effet, tandis qu'elle dansait ainsi, au bourdonnement du tambour de basque que ses deux bras ronds et purs élevaient au-dessus de sa tête, mince, frêle et vive comme une guêpe, avec son corsad'or sans pli, sa robe bariolée qui se gonflait, avec ses épaules nues, ses jambes fines que sa jupe couvrait par moments, ses cheveux noirs, ses yeux de flamme, c'était une surnaturelle créature.

— En vérité, pensa Gringoire, c'est une salamandre, c'est une nymphe, c'est une déesse, c'est une bacchante (1) du mont Ménaléen !

En ce moment, une des nattes de la chevelure de la « salamandre » se détacha, et une pièce de cuivre jaune qui y était attachée roula à terre.

— Hé non ! dit-il, c'est une bohémienne.

Toute illusion avait disparu.

Elle se mit à danser ; elle prit à terre deux épées dont elle appuya la pointe sur son front, et qu'elle fit tourner dans un sens tandis qu'elle tournait dans l'autre ; c'était en effet tout bonnement une bohémienne. Mais quelque désenchanté que fût Gringoire, l'ensemble de ce tableau n'était pas sans prestige et sans magie ; le feu de joie l'éclairait d'une lumière crue et rouge qui tremblait

---

(1) Les bacchantes étaient les prêtresses de Bacchus, dieu du vin, habitant le mont Ménaléen, et s'y livrant, pendant la nuit à des orgies.

toute vive sur le cercle des visages de la foule, sur le front brun de la jeune fille et au fond de la place jetait un blême reflet mêlé aux vacillations de leurs ombres, d'un côté sur la vieille façade noircie et ridée de la Maison aux Piliers, de l'autre sur le bras de pierre du gibet... La jeune fille, essoufflée, s'arrêta enfin, et le peuple l'applaudit avec amour.

— Djali, ajouta la bohémienne.

Alors Gringoire vit arriver une jolie petite chèvre blanche, alerte, éveillée, lustrée, avec des cornes dorées avec des pieds dorés, avec un collier doré, qu'il n'avait pas encore aperçue, et qui était restée jusque-là accroupie sur un coin du tapis et regardait danser sa maîtresse.

— Djali, dit la danseuse, à votre tour.

Et, s'asseyant, elle présenta gracieusement à la chèvre son tambour de basque.

— Djali, continua-t-elle, à quel mois sommes-nous de l'année ?

La chèvre leva son pied de devant, frappa un coup sur le tambour. On était en effet au premier mois.

La foule applaudit.

— Djali, reprit la jeune fille en tournant son tambour de basque d'un autre côté, à quel jour du mois sommes-nous ?

Djali leva son petit pied d'or, et frappa six coups sur le tambour.

— Djali, poursuivit l'Egyptienne toujours avec un nouveau manège du tambour, à quelle heure du jour sommes-nous ?

Djali frappa sept coups. (Au même moment l'horloge de la Maison aux Piliers sonna sept heures.

Le peuple était émerveillé.

— Il y a de la sorcellerie là-dessous, dit une voix sinistre dans la foule (1)...

La bohémienne tressaillit, se détourna, mais les applaudissements éclatèrent et couvrirent la morose exclamation.

____

(1) C'était la voix de Claude Frol., amoureux de la Esméralda.

Ils l'effacèrent même si complètement dans son esprit qu'elle continua d'interpeller sa chèvre.

— Djali, comment fait maître Guichard Grand Resny, capitaine des pistoliers de la ville, à la procession de la Chandeleur ?

Djali se dressa sur ses [pattes de derrière, et se mit à bêler, en marchant avec une si gentille gravité que le cercle entier des spectateurs éclata de rire à cette parodie de la dévotion intéressée du capitaine des pistoliers.

— Djali, reprit la jeune fille, enhardie par ce succès croissant, comment prêche maître Jacques Charmolue, procureur du roi en cour d'église ?

La chèvre prit séance sur son derrière, et se mit à bêler, en agiant ses pattes de devant d'une si étrange façon que, hormis le mauvais français et le mauvais latin, geste, accent, attitude, tout Jacques Charmolue y était.

Et la foule d'applaudir de plus belle.

— Sacrilège ! profanation ! reprit la voix...

La bohémienne se retourna encore une fois.

— Ah ! dit-elle, c'est un vilain homme ! puis allongeant sa lèvre inférieure au delà de la lèvre supérieure, elle fit une petite moue qui paraissait lui être familière, pirouetta sur le talon, et se mit à recueillir dans tambour de basque les dons de la multitude.

Les grands blancs, les petits blancs, les torges, les liards à l'aigle pleuvaient. Tout à coup elle passa devant Gringoire. Gringoire mit si étourdiment la main à sa poche qu'elle s'arrêta.

— Diable ! dit le poète en trouvant au fond de sa poche la réalité, c'est-à-dire le vide. — Cependant la jolie fille était là, le regardant avec ses grands yeux, lui tendant son tambour, et attendant. Gringoire suait à grosses gouttes.

S'il avait eu le Pérou dans sa poche, certainement il l'eût donné à la danseuse ; mais Gringoire n'avait pas le Pérou, et d'ailleurs l'Amérique n'était pas encore découverte.

Heureusement un incident inattendu vint à son secours.

— T'en iras-tu, sauterelle d'Egypte ? cria une voix aigre qui partait du coin le plus sombre de la place. La jeune fille se retourna effrayée. Ce n'était plus la voix de l'homme chauve : c'était une voix de femme, une voix dévote et méchante.

Du reste, ce cri, qui fit peur à la bohémienne, mit en joie une troupe d'enfants qui rôdaient par là.

— C'est la recluse de la Tour-Roland, s'écrièrent-ils avec des rires désordonnés, c'est la sachette qui gronde ! Est-ce qu'elle n'a pas soupé ? portons-lui quelque reste du buffet de ville !

Tous se précipitèrent vers la Maison aux Piliers.

Victor Hugo (1802-85)

(Extrait de N.-D. de Paris. — Hetzel édit.)

7me RÉUNION

L'hygiène, indispensable à tous, s'impose encore plus impérieusement aux femmes et jeunes filles, tant à cause de la délicatesse de leurs organes, que du rôle qu'elles ont à jouer au foyer domestique.

Faire marquer qu'il ne s'agit pas de se substituer au médecin, dont l'intervention est nécessaire dans bien des cas, mais seulement de seconder son action, et de donner quelques indications essentielles sur les précautions à prendre pour conserver la santé et prévenir la plupart des maladies. L'institutrice devra se renseigner sur la nature des remèdes de bonne femme, qui sont d'un usage courant dans beaucoup de campagnes, sur les pratiques des rebouteurs et des charlatans encore trop nombreux et surtout trop écoutés, afin de mettre en garde son auditoire, avec tact sans doute mais fermeté, contre des gens qui exploitent l'ignorance, l'étroitesse d'esprit, les préjugés et les superstitions.

L'hygiène de la peau et les soins corporels feront l'objet de cette causerie.

Rappeler la structure (pores) et les fonctions de la peau (respiration, sécrétion).

Nécessité des lavages quotidiens des parties découvertes de la peau (visage, cou, mains, notamment avant les repas, des lotions à l'eau tiède savonneuse, matin et soir, pendant la période des règles ; des lavages réguliers, tous les 8 et 15 jours, des parties où se font d'actives sécrétions (aisselles, pieds, tête, région ano-génitale) ; des bains d'eau tiède ou d'eau froide, tous les mois, auxquels on peut suppléer dans une certaine mesure par des lotions faites sur tout le corps.

Nettoyer et couper les ongles en carré, pour éviter les ongles incarnées ; veiller à la propreté des oreilles, du nez (en reniflant de l'eau salée ou de la vaseline), des yeux, de la bouche, (gargarismes) et des dents, à l'aide de la brosse à dents, trop peu connue.

Evitez l'emploi des cosmétiques, des fards, des poudres, des teintures : ils altèrent la peau, car ils sont souvent toxiques, et provoquent des éruptions et même des maladies. — Une propreté rigoureuse et constante met à l'abri des affections de la peau et débarrasse des insectes parasites. Tous les 15 jours il est bon de se laver la tête avec un jaune d'œuf délayé dans un verre d'eau de chaux, ou avec une décoction chaude de bois de Panama. Lubréfier ensuite les cheveux, pour leur conserver leur brillant et leur souplesse, avec un peu de glycérine.

DICTÉE

La propreté

La propreté pare et relève tout. La laideur propre vient à bout d'être *avenante*. Une jeune fille bien tenue n'est jamais laide. Connaissez-vous rien de plus touchant, rien qui attire mieux le service, la charité, la sympathie, meilleure encore que la charité, que la pauvreté propre ? Par contre, il n'est rien de plus repoussant que la saleté dans la richesse.

On n'imagine pas plus facilement une âme propre, une âme sans tâche dans un corps malpropre, qu'une eau pure dans un vase *immonde*. Il semble impossible que l'un ne gâte pas l'autre, que la coupe ne fasse pas de tort à la liqueur.

Des idées claires, justes, dans une tête toujours mal peignée, des sentiments sains dans une enveloppe volontairement malsaine, on n'y croit pas.

La propreté est la seule des apparences qu'il ne faille pas négliger, la seule des recherches qu'il faille rechercher.

On n'approche pas des maisons dont le seuil est *fétide*. La maison que votre âme habite c'est votre corps. Il ne faut pas que la maison donne mal à croire de l'habitant.

J. STAHL (*Morale familière*).

Pensée : L'eau est à la peau ce que l'air est aux poumons.

EXPLICATION DES MOTS EN ITALIQUE

Avenante : qui a bon air, bonne grâce ; qui plaît par des manières affables et un abord agréable.

Immonde : sale, dégoûtant.

Fétide : qui a une odeur forte et désagréable.

GRAMMAIRE ET ORTHOGRAPHE

Homonyme de *laid* (laie, lait, lé, les, lez, etc...) ;

De *corps* (cor, durillon, *cor*, instrument de musique) ;

De *tache* (*tâche* et diverses pers. du verbe *tacher*) ;

De *vase* (*vase*, tourbe qui est au fond des cours d'eau) ;

De (*saint, sein, ceint,* du verbe *ceindre*, et diverses personnes).

QUESTIONS D'INTELLIGENCE

Pourquoi la pauvreté propre attire-t-elle plus que la saleté dans la richesse ?

Est-il exact de dire que la propreté est le luxe du pauvre ?

Justifiez la pensée : l'eau est à la peau ce que l'air est aux poumons ?

COMPTABILITÉ

LES EFFETS DE COMMERCE : LETTRE DE CHANGE

Supposons qu'au lieu de payer sa facture du 7 octobre 1910 (5ᵉ réunion) en un mandat poste, Mademoiselle M. Salvan, ait demandé à la maison Toussaint de Toulouse comme cela se fait d'ailleurs le plus souvent, de fournir sur elle un mandat à 30 jours, en paiement de la dite facture. Dans ce cas la maison qui a expédié les marchandises, tirera une *lettre de change* aussi appelée *traite ou mandat,* sur Mademoiselle Salvan, payable au 8 novembre 1910.

Cette *lettre de change* sera présentée à Mademoiselle Salvan, soit par la poste, soit par un banquier ou par un représentant, à la date précitée, et, en échange du paiement, elle restera en possession de la traite qui servira d'acquit de la facture.

Recommandez d'épingler au fur et à mesure les traites payées aux factures correspondantes.

MODÈLE DE LETTRE DE CHANGE

Toulouse, le 10 octobre 1910   *B.P.F.* 18, 15

Au huit novembre prochain, veuillez payer, à mon ordre, la somme de dix-huit francs quinze centimes, valeur reçue en marchandises.

A Mlle M. SALVAN, modiste,   L. TOUSSAINT.
à St-Jean, canton de M... (Lot).

N. B. — La lettre de change doit être écrite sur une feuille de papier timbré, dont la valeur est calculée à raison de cinq centimes par 100 francs ou fraction de 100 francs, et dont les dimensions sont 245 × 97.

Faire quelques exercices oraux sur le calcul du timbre.

La date de l'échéance et la somme à payer, figurant dans le corps de la lettre de change, doivent être écrits en toutes lettres, et non en chiffres seulement.

Il sera utile de faire prendre copie du modèle précédent sur une feuille ayant les dimensions indiquées, afin d'apprendre aux jeunes filles à disposer convenablement les diverses indications que doit renfermer la traite. — Indiquer à gauche et en haut la place et la valeur du timbre fixe.

Montrer quelques spécimens de diverses lettres de de change.

DROIT USUEL

LA QUITTANCE

La quittance est l'acte par lequel un créancier reconnaît avoir reçu d'un débiteur tout ou partie de sa dette,

Expliquer la nécessité d'exiger des quittances en règle, chaque fois qu'on acquitte une facture, une dette ou un prêt d'argent fait sans billet. En cas de décès du créancier ou de mauvaise foi, le paiement effectué pourrait être nié.

Dans le commerce, la quittance est souvent donnée sur la facture même ou au dos de l'effet de commerce présenté en paiement, et formulée par l'expression : *pour acquit.*

Toute quittance d'une somme supérieure à 10 francs doit porter un timbre spécial ou *timbre de quittance* de 0 fr. 10 dont le prix est à la charge de celui qui demande la quittance. Les sommes égales ou inférieures à 10 francs sont exemptées de ce droit de timbre, ainsi que diverses quittances spécifiées par la loi (secours aux indigents, indemnités administratives, etc...)

Le timbre de quittance est ordinairement apposé au-dessous du corps de la quittance et à droite de la signature. Il est annulé par la date et la signature écrites sur ce timbre même et indépendamment de celles figurant déjà à côté.

La rédaction d'une quittance n'est soumise à aucune règle spéciale. Il suffit qu'elle indique : 1° le nom du débiteur ou payeur ; 2° la somme payée écrite en toutes lettres ; 3° le motif du paiement ; 4° le lieu et date ; 5° la signature du créancier · · celui qui reçoit.

QUITTANCE DE PRÊT D'ARGENT

Marie Canac a prêté 150 francs à Louise Vidal. Faire la quittance que celle-ci réclamera en remboursant cette somme.

MODÈLE

Reçu de Louise Vidal la somme de cent cinquante francs que je lui avais prêtée le cinq septembre dernier.

Valence, le 20 octobre 1910.

M. CANAC.

Valence, ce 20 octobre 1910
M. CANAC.

Timbre de quittance 0 fr. 10

Observations. — S'il s'agissait du paiement d'un loyer, on ferait suivre le chiffre de la somme reçue de ces mots : *en paiement du loyer des appartements qu'elle occupe dans ma maison, rue .... n°...., commençant le .... finissant le ....;* — s'il s'agissait d'un paiement d'intérêts d'une somme prêtée, on ajouterait après le chiffre de la somme reçue : *en paiement des intérêts échus de la somme de...* (écrire cette somme en toutes lettres) *que je lui ai prêtée le .....* —

Quand on a de nombreuses quittances à délivrer (affaires commerciales, loyers, etc.) il y a intérêt à se munir d'un Livre de quittances à souche (en montrer un modèle).

L'amende, pour non apposition du timbre de quittance, est de 50 francs, à la charge de celui qui donne quittance.

ECONOMIE DOMESTIQUE

MEUBLES ET USTENSILES DE CUISINE

Meubles. — Les principaux meubles qu'on trouve dans une cuisine-salle à manger sont :

Le poêle cuisinière ou fourneau, le fourneau à pétrole ou à gaz, le buffet, la table et les chaises.

Voici quelques renseignement pratiques sur leur entretien :

Le fourneau doit être nettoyé chaque jour. (L'institutrice associera les jeunes filles à ce nettoyage par groupes de 3 ou 4, à des reprises successives).

Les gros morceaux de combustible restant seront jetés dans une caisse à charbon, brisés à l'aide d'un marteau et mouillés d'eau ; ils formeront une pâtée qui servira à maintenir le feu tout en le modérant.

Gratter le dessus du fourneau et le frotter avec un oignon cru pour le faire briller. On peut aussi employer un chiffon imbibé de quelques gouttes d'huile.

Les cuivres de la façade s'astiquent au tripoli ou à la brillantine ; les parties nickelées avec le blanc d'Espagne mouillé d'alcool, jamais avec le papier verre ou la toile émeri.

Noircir le fourneau de temps en temps, à l'aide de la mine de plomb délayée dans du pétrole avec 1/3 de son poids de noir d'ivoire.

Le fourneau à pétrole ou à gaz se nettoie en le lavant avec de l'eau très chaude, additionnée de carbonate de soude et on le noircit comme il a été dit plus haut.

Les meubles en bois blanc se lavent avec un mélange d'eau carbonatée et de savon noir, ou mieux avec un mélange de chaux éteinte, de savon noir, de sable et d'eau. Les meubles polis à la cire conservent presque indéfiniment leur brillant, en les frottant tous les jours avec un morceau d'étoffe de laine grossière. Pour enlever les taches de sauce, frotter avec un chiffon trempé dans du lait bien chaud et passer à l'encaustique faite de cire jaune et d'essence de térébenthine (250 gr. de cire fondus dans un litre d'essence).

La toile cirée qui protège la table ne doit jamais être lavée au savon, mais simplement avec une eau légèrement carbonatée ou encore avec un peu d'eau et d'alcool.

Ustensiles de cuisine. — Ils sont en fer poli, en fer battu étamé, en fonte, en cuivre, en nickel, etc...

Les ustensiles en fer poli *(grils, poêles à frire etc...)* se nettoient à l'aide de grès, de gros sel ou de savon minéral et d'un peu d'eau chaude.

Le fer s'oxydant à l'air humide, pour former la rouille, on recouvre ces ustensiles d'une couche d'étain par l'étamage ; mais si, en un point, le fer est mis à nu, l'altération est plus rapide que s'il n'y avait pas d'étain ; il est donc nécessaire de les faire étamer souvent.

Les ustensiles en fer battu étamé *(plats, casseroles, etc.)* se nettoient avec de l'eau chaude dans laquelle on a fait dissoudre quelque cristaux ; on rince à l'eau froide et on essuie avec un torchon bien sec ; pour les faire briller, frotter à l'aide d'un chiffon sur lequel on a étendu du blanc d'Espagne à sec bien pulvérisé.

Recommander de ne pas employer des ustensiles en fer ou fonte émaillée, pour tout ce qui touche à l'alimentation, à cause des accidents graves, — notamment l'appendicite — qu'ils peuvent occasionner.

Les vases émaillés seront donc surtout employés pour l'ébullition des liquides.

Les ustensiles en fonte se nettoient comme ceux en fer poli. La meilleure qualité de fonte est la fonte bleue. Pour enlever aux ustensiles en fonte *(bassines, cloches, marmites)* le goût désagréable qu'ils ont toujours au début, il suffit d'y faire cuire d'abord des légumes qu'on ne consommera pas, mais qu'on pourra donner aux animaux.

Les ustensiles en cuivre se nettoient : 1° à l'intérieur avec l'eau chaude dans laquelle on a fait dissoudre quelques cristaux de carbonate de soude ; 2° extérieurement, avec divers produits qu'on trouve dans le commerce (*rouge anglais, brillantine, tripoli etc...*)

Signaler le ridicule qu'il y aurait à présenter des objets brillants au coup d'œil et sales à l'intérieur.

Ne pas laisser séjourner les aliments à froid dans ces vases, les corps gras attaquant le cuivre ; pour remuer le contenu de ces ustensiles, se servir de cuillers en bois et non de fourchettes ou de couteaux.

Les ustensiles en nickel, aluminium etc... sans danger pour la santé et ne s'oxydant pas à l'air humide, seraient parfaits, s'ils étaient à la portée de toutes les bourses. Cependant l'*aluminium* est d'un prix plus réduit que le cuivre et le nickel, mais il s'use plus vite. On y remédie en donnant aux pièces plus d'épaisseur. Léger, robuste, résistant, très bon conducteur de la chaleur, ce métal est appelé à un grand avenir.

On nettoie les objets en nickel comme nous l'avons dit plus haut ; — ceux en aluminium, à l'eau chaude à laquelle on ajoute, au besoin, un peu de savon minéral.

(Ne pas employer des cristaux de carbonate de soude ou de potasse qui le font noircir).

Au sujet des *vases en terre cuite*, encore très employés, faire observer : 1° Que les poteries à bas prix contiennent dans leur vernis, du plomb en excès, qui peut occasionner des accidents plus ou moins graves ;

2° Que celles de bonne qualité doivent être employées de préférence pour le pot-au-feu, la cuisson se faisant plus régulièrement par suite du peu de combustibilité ;

3° Qu'il ne faut pas y laisser séjourner des acides ou des corps gras.

8ᵉ RÉUNION

LECTURE

(poésie à dire)

Lettre d'une paysanne à M. Pasteur

après la guérison de son petit gas

Je suis, mon bon Monsieur, de retour au natal,
Avec mon petit gas sorti de l'hôpital.

Pour lors, moins pour tenir ce qu'on me fit promettre,
Que pour le mien plaisir, je vous fais cette lettre
Sachant que vous suivez de loin, des yeux, du cœur,
Les gens soignés, sauvés par vous, Monsieur Pasteur.
Soit manque d'habitude ou défaut de nature,
Je ne suis point ferrée aux choses d'écriture :
On s'en aperçoit, oui. Mais vous excuserez
Les fautes de ma plume et vous en sourirez.
Oh ! votre bon sourire, éclairant au passage
Les creux que le souci vous imprime au visage,
Je ne l'oublierai pas, ni le petit non plus.
Mais je retourne au fait, point de mots superflus ;
Vous n'êtes point de ceux dont la cervelle oisive
S'amuse aux vains propos, — et moi j'ai ma lessive
Qui sèche sur le pré par un bon vent du nord :
Une belle lessive, à nous, c'est notre fort. —
Donc, après un voyage en somme assez prospère
Nous fûmes hébergés sous le toit du grand-père,
On y pleurait hier, on y rit maintenant.
Ils ont trouvé l'enfant pâlot. Quoi d'étonnant ?
Quand on eut comme lui quasi toute la face
Mise à vif par les crocs d'un chien, grand bien vous fasse !
On serait pâle à moins. Sans votre art de guérir,
M'est avis qu'il n'avait, le pauvre, qu'à mourir.
Je le revois d'ici, renversé sous un orme,
Dans le champ du moulin. Le dogue était énorme,
Enragé, qui plus est, et, comme de raison,
Distillait à pleins crocs l'espèce de poison
Qui faisait avant vous des blessures mortelles.
Tout rouge de la gueule et flambant des prunelles,
Il se jette fin droit sur le couple jaseur,
Où, Jean, mon petit Jean jouait avec sa sœur.
Jean la voit menacée, et... (ça tient de famille,
Ces choses-là, Monsieur) pour protéger la fille,
Il se lance en avant et tombe à coups de poing
Sur le dogue maudit. Moi qui n'étais pas loin,
Mon sang ne fait qu'un tour. « Au loup ! au loup ! »
[criai-je.
Je ramasse un bâton, une fourche, que sais-je !
Et tape sur la bête. Arrivent au renfort.
Les garçons du meunier, par qui le dogue est mort.

Mais lui, le pauvre enfant, sans voix, sans soufle, inerte,
La figure en lambeaux, gisait sur l'herbe verte.
Je l'emporte au logis, trainant à mes jupons
Ma fille qui braillait, ah ! je vous en réponds ;
Et je pleurais aussi. Jugez donc, quelle épreuve !
Mère de deux enfants et pauvre, et seule, et veuve !
Et perdre le garçon ! Car je croyais perdu
Le pâle moribond, sur un lit étendu.
Cependant appelé par le maitre d'école,
(Un brave homme vraiment que ce Monsieur Nicole,
Et qui ne languit pas à secourir les gens
Car l'on est au pays des voisins obligeants),
Donc appelé par eux, Monsieur le docteur entre,
Prend le blessé, le palpe, et puis murmure : Diantre
Ah ! ce mot de malheur, je crois l'entendre encor
A mi-voix prononcé comme un arrêt de mort.
Le petit s'éveillait, on lui compte des gouttes
Et bien docilement il les avale toutes.
On l'oint d'une pommade, on le bande, et voilà,
Que le docteur me dit : « Ce n'est pas tout cela,
Faut aller à Paris. — A Paris ? — En droiture.
Trouver Monsieur Pasteur. Trois lignes d'écriture
Vont le mettre au courant, et quand vous reviendrez
L'enfant sera gaillard, et vous me bénirez. »
Il disait vrai, Monsieur, l'homme fut bon prophéte :
Je partis toute en deuil, je reviens toute en fête.
Le reste est su de vous, je ne l'écrirai pas,
D'autant que nous chômons de termes pour ce cas.
Comment peindre vos soins, vos démarches, vos gestes
Et ceux de vos Messieurs ? Divinités célestes !
Chaque heure, chaque jour, chaque semaine, un mieux
Paraissait chez l'enfant. Je lisais dans vos yeux
Le clair contentement des tâches bien menées
Et que tout allait bien aux choses ordonnées.
Mais ce qu'il faut vous dire, et sans omettre rien,
Monsieur, c'est le retour. Mémoire de chrétien
Jamais on n'avait vu dans si petit village
Un triomphe si grand. Le Maire, un homme d'âge,
Cerclé de son écharpe, attendait au degré
Entre Monsieur Nicole et Monsieur le curé,
Et puis le bon docteur, et puis deux gros gendarmes

Puis des femmes, les yeux quasi noyés de larmes
Les mères, voyez-vous, à défaut de discours,
Ça pleure, le pleurer nous contente toujours.
A notre vue, un cri, puis une bouculade
On nous étreint, chacun nous donne l'accolade.
C'est surtout au garçon qu'on en voulait : « Jarni ! (1)
Vous l'allez me manger comme du pain bénit. »
Disais-je aux plus goulus. Et sans Monsieur le Maire
Qui voulant discourir, fit signe au populaire
On nous étouffait net. Reprenant les esprits,
J'entends un beau discours où je n'ai rien compris
Si ce n'est qu'à la fin, une clameur immense,
Un cri qui par trois fois éclate et recommence :
« Vive Monsieur Pasteur ! » est monté jusqu'aux cieux.
Moi, je ne criais pas, je m'essuyais les yeux.
Le cœur gros d'une joie en silence amassée,
Vers vous, Monsieur Pasteur, j'envoyais ma pensée
Car si je revoyais avec mon petit Jean
Fumer le toit natal et le rû (2) diligent.
Faire tourner la roue et travailler la meule ;
S'il m'était épargné de rentrer toute seule
Dans le logis désert en deuil de mon enfant,
Je le devais à vous, — et parce qu'un savant
Est un brave homme aussi, de qui l'âme profonde
Se rend compatissante aux maux du pauvre monde.
. . . .
. . . . Pour finir, le grand-père
Nous mène sous son toit, et là, que voyons-nous ?
Votre portrait, Monsieur, une image de vous
Bien vive, bien parlante et d'or fin entourée
Ce fut là le bouquet. L'image vénérée
Ne nous quittera plus, le matin et le soir
Nous lui dirons tout bas ou bonjour ou bonsoir
Et des fleurs à foison ; car sous nos toits de chaume
Ce n'est pas de verdure et de fleurs que l'on chôme.
Mais on clame après moi : le linge est sec à point,
Excusez-moi, Monsieur, et ne vous moquez point,

---

(1) Sorte de juron signifiant je renie Dieu. On dit aussi : jarnidieu ou jarnibleu,

(2) Petit ruisseau ou canal formé par un petit ruisseau.

Le ménage avant tout ; avant tout ma lessive,
Au reste le papier est plein jusqu'à la rive.
En bref, sachez que Jean dort, boit, mange à ravir
Et moi, je suis, Monsieur,
Jeanne,
Pour vous servir.
II. D.

(Extrait de la revue l'*Instituteur*. - Lecène édit)

DEUXIÈME MOIS

9e RÉUNION

La première société où nous vivons est la famille.

En prouver la nécessité ; 1° à cause de la faiblesse des enfants qui ne pourraient assurer leur développement physique, moral et intellectuel ; 2° à cause de ce besoin instinctif et impérieux du cœur de nous sentir entourées de personnes que nous aimions et dont nous nous sentions aimées ; 3° à cause de l'apprentissage que nous y faisons de toutes les vertus civiques et sociales.

Exposez les bienfaits de la famille : 1° elle est la source la plus féconde et la plus pure du vrai bonheur ; joies et peines tout y est commun, et une chaude affection nous y enveloppe ; 2° nous y puisons un puissant motif d'activité et un salutaire préservatif du mal sous toutes ses formes, particulièrement contre l'égoïsme ; 3° tout est à tous.

Combien sont à plaindre les orphelins et ceux qui n'ont plus de famille !

Rappeler ce qui, d'après E. Bersot, constitue vraiment la famille :

« Quand on vit ensemble, quand on s'aime les uns les autres, quand chacun aime les autres plus que soi, quand il est heureux de ce qui leur arrive de bien, malheureux ce qui leur arrive de mal, quand il est prêt à les soigner s'ils ont besoin de lui, à les défendre si on les attaque, quand il aime mieux souffrir que de les voir souffrir, et quand on n'est tous ensemble qu'un seul cœur, cela c'est la famille. »

Les peuples les plus civilisés et les plus prospères ont toujours été ceux chez lesquels existe la famille et où les vertus domestiques sont les plus développées.

DICTÉE

INTIMITÉ DE LA VIE DE FAMILLE

La vraie famille est chez les humbles.

Par économie, on n'allumait pour la maison entière qu'un seul feu et qu'une lampe autour de laquelle toutes les occupations, toutes les distractions sé groupaient, bonne grosse lampe de famille, dont le vieil abat-jour — des scènes de nuit semées de points brillants — avait été l'étonnement et la joie de toutes ces fillettes dans leur petite enfance. Sortant doucement de l'ombre de la pièce, quatre jeunes têtes se penchaient, blondes ou brunes, souriantes ou appliquées, sous le rayon intime et réchauffant qui les éclairait à la hauteur des yeux, semblait alimenter la flamme de leurs regards, la jeunesse lumineuse de leurs fronts transparents, les couver, les abriter, les garder du froid noir ventant dehors, des *fantômes*, des *embûches*, des misères et des terreurs. Ainsi serrée dans une petite pièce, en haut de la maison, dans la chaleur, la *sécurité* de son intérieur, bien garni et bien soigné, la famille a l'air d'un nid tout en haut d'un arbre.

A. DAUDET.

(Extrait du Nabab. — Fasquelle, édit).

Pensée. — L'âme des foyers est douce et bienfaisante à ceux qui en gardent l'amour et le respect.

EXPLICATION DES MOTS EN ITALIQUE

Intimité : caractère de ce qui lie étroitement entre elles certaines personnes ou certaines choses.

Fantôme : spectre, apparition fantastique inspirant la terreur.

Embûches : entreprise secrète, piège caché pour surprendre quelqu'un ou pour lui nuire.

Sécurité : confiance, tranquillité d'esprit quand on pourrait avoir quelque chose à craindre.

GRAMMAIRE ET ORTHOGRAPHE

Indiquer le sujet des verbes pluriels (Rappeler comment on les trouve).

Rapprocher *abri* de *abriter*, — *front* de *frondaison*, — *nuit* de *nuitamment*.

Les noms terminés par *té* (*intimité, sécurité, etc.*) ne prennent pas d'e muet à moins qu'ils expriment une idée de contenance (*charretée*) ou qu'ils dérivent d'un verbe (*dictée, montée, etc.*)

QUESTIONS D'INTELLIGENCE

Pourquoi la vraie famille est-elle chez les humbles ?

Expliquez les expressions : *fronts transparents, froid noir*.

CALCUL

LES MESURES DE SURFACE

Réviser la lecture et l'écriture des mesures de surface au moyen d'exercices oraux et au tableau noir.

En indiquant les multiples et les sous-multiples du mètre carré, donner les nouvelles abréviations : (multiples Dam², Hm², Km², Mm² ; — sous-multiples : dm², cm² mm²) ; et faire observer que le premier mot des noms de ces mesures rappelle la longueur du côté du carré : dam² signifie carré de 1 dam de côté ou 10 m. Le dam² = $10^m \times 10^m = 100\,m^2$ (autres exemples).

Rapprocher les trois mesures agraires — are (a), hectare (ha) et centiare (ca) — des trois mesures de surface correspondantes.

Donner la formule exprimant la surface : du carré, du rectangle, du triangle, du parallélogramme, du losange et du trapèze.

Donner la valeur des anciennes mesures de surface encore utilisées dans le pays : la canne carrée équivaut à $2^m \times 2^m = 4^{m2}$, et la sétairée équivaut, suivant les lieux, à un peu plus ou un peu moins de 20 ares.

EXERCICE ECRIT

Que coûterait la peinture intérieure de votre chambre qui a 4ᵐ, 60 de long sur 3ᵐ, 90 de large et 3ᵐ de hauteur, sachant : 1° que la peinture des murs se paie 1 fr. 50 le m² et celle du plafond 1 fr. le m² ; 2° qu'il faut tenir compte de trois fenêtres de 1ᵐ 50 sur 2ᵐ et pour chacune desquelles on paiera 1 fr. 25 ?

SOLUTION

Surf. totale des murs : $(3, 90 + 4, 60) \times 2 \times 3 = 51^{m2}$
Fenêtres à déduire :.. $(1, 50 \times 2) \times 3$........ $= 9^{m2}$
 Surface à peindre .... $= 42^{m2}$
Prix de la peinture des murs : 1 fr. 50 $\times$ 42.. $= 63$ fr.
  id. des fenêtres : 1, 25 $\times$ 3 .. $= 3$ fr. 25
  id. du plafond : (4,60 $\times$ 3,9) $\times$ 1 fr. $= 17$ fr. 94

    Prix total........ 84 fr. 69

CALCUL MENTAL.

1º Réduire en ares, ou hectares des m², ou inversement.

2º A combien de cannes équivalent 32, 60, 72, 120 m² ? — Combien de m² font 15, 24, 52 cannes ?

3º Combien y a-t-il de sétairées dans 300, 450, 520 m² ? — Combien d'ares font 8, 10, 15 sétairées, etc... ?

EXERCICE DE FRANÇAIS

LETTRES FAMILIÈRES ET D'AMITIÉ

Conseils. — Le lettres familières et d'amitié sont celles que l'on écrit à ses parents, à ses amies ou à ses camarades. Sous prétexte que la lettre est une conversation par écrit — d'ou l'on a conclu qu'il fallait écrire comme l'on parlait — certaines personnes, suivant le conseil de Mme de Sévigné qui conseillait de laisser la plume *trotter la bride sur le cou*, n'apportent aucun soin dans la rédaction ou dans la disposition des lettres familières.

Sans doute, il faut écrire comme l'on parle, si toutefois on sait bien parler ; sans doute, on peut laisser trotter sa plume, à condition que cette plume soit dressée à écrire correctement et avec ordre et méthode. Ces deux affirmations visent surtout le ton de ces sortes de correspondances.

Les lettres familières et d'amitié doivent être dictées par le cœur. Donnez donc à votre cœur et à votre imagination toute liberté ; qu'en vous lisant on sente l'effusion franche et sincère des sentiments qui ont dicté votre lettre. Gardez-vous cependant de toute exagération ! Vous auriez grand tort, en effet, confiant dans l'indulgence de vos parents ou amies, d'exprimer vos idées sans ordre, à l'aventure, ; — de vous répéter à tort et à travers, de négliger votre style et de faire les grossières incorrections trop souvent relevées dans les lettres de ce genre.

Autant une lettre familière intéresse et plaît quand on y reconnaît les trois qualités essentielles du style — ordre, clarté et correction — avec une certaine aisance et une pointe d'agréable gaieté, autant elle ennuie et fatigue quand on y constate du décousu, du désordre dans les pensées, des redites et des fautes de français multiples.

Evitez ces expression banales :

Je mets la main à la plume ou *la plume à la main ;* —

Je t'écris ces deux mots de lettre pour...; — Je te dirai que... ; —

Je désire que la présente vous trouve de même, etc...

Evitez l'emploi trop fréquent des *qui... que... car... quand, etc...* et pour cela, faites des phrases courtes autant que possible.

Pas de ratures, ni de surcharges non plus ; et le moyen de ne pas en faire c'est d'avoir recours au brouillon — ou de faire tout au moins un plan méthodique — de relire ce brouillon, de le corriger ou de réfléchir sérieusement avant d'écrire, au lieu de s'abandonner au hasard de l'improvisation.

LETTRE DE FAMILLE

Une jeune fille répond à la première lettre de son frère appelé aux colonies, pour y faire son service militaire.

Plan

I. — Joie éprouvée à la réception de la lettre.

II. — Rappeler les passages qui ont le plus touché ou intéressé la famille.

III. — Nouvelles de la maison et du pays.

IV. — Espoir de le revoir bientôt et formule affectueuse.

SUJET TRAITÉ *(devoir d'adulte)*

Bien cher frère,

Nous attendions de tes nouvelles avec une grande impatience. Aussi tu devines notre joie lorsque, ce matin, maman a reçu du facteur une lettre venant d'Oran. Toute la famille a été vite rassemblée pour écouter la lecture de ces lignes venant d'un fils et d'un frère bien-aimé. Personne n'en perdit un mot, et le bonheur rayonnait sur tous les fronts.

Le récit de ta traversée nous a beaucoup intéressés. Maman ne put s'empêcher de dire, en apprenant que tu avais beaucoup souffert du mal de mer. « Il aurait été vite guéri si j'avais été là ! » Nous avons été très heureux de lire que le métier de soldat, malgré ce qu'on t'en avait dit avant ton départ, ne t'effrayait guère, et que tu te disposais à remplir gaiement et courageusement tous les devoirs de tes nouvelles fonctions ! « Allons, a dit le papa, en essuyant une larme, je vois que notre Jean sera digne de moi, qui ai fait sept ans de service à la frontière, et de la France ! » Avec lui, avec maman, et avec notre jeune frère Paul, nous te disons : « Bravo ! Courage ! Persévère dans ces sentiments qui feront de toi un bon soldat, prêt à bien défendre sa patrie, si par malheur, une guerre venait à éclater.

Maintenant quelques nouvelles de la famille et du pays.

Papa se porte à merveille malgré son travail et ses préoccupations. Maman toujours active, soupire souvent en pensant à toi. Paul seconde de son mieux papa et maman et fréquente régulièrement la classe du soir que que fait M. l'Instituteur, depuis lundi dernier, deux fois par semaine. Moi je fais toujours mon apprentissage de couturière avec beaucoup de goût ; et Mlle Terron a dit à maman que si je continuais ainsi, je deviendrais une ouvrière accomplie.

L'oncle Louis a été gravement malade, à la suite d'un refroidissement. Heureusement que le docteur le déclare hors de danger. Tes camarades de la classe n'ont pas encore donné de leurs nouvelles, et leurs parents en sont fort inquiets.

La récolte de pommes et de noix a été assez bonne et nous les avons vendues un bon prix à M. André. Malheureusement les pommes de terre se gâtent rapidement.

Nous espérons que, par ta bonne conduite, tu mériteras d'avoir une permission à l'occasion des fêtes de Pâques, et que nous aurons alors le plaisir de te revoir, en parfaite santé, dans ton costume de hussard. Quelle fête pour toute la famille !

En attendant ce jour heureux, reçois les baisers les plus affectueux de toute la famille et en particulier de ta sœur bien dévouée.

THÉRÈSE.

AUTRES SUJETS

1. — Écrivez à vos parents dont vous êtes éloignée pour leur donner des nouvelles de votre santé et des renseignements sur vos travaux.

2. — Vous répondez à une de vos amies qui vous a écrit pour vous demander de vos nouvelles et de celles de quelques camarades, amies d'enfance.

ENSEIGNEMENT MÉNAGER

Le pot-au-Feu et le bouilli

Pot-au-feu. — Le pot-au-feu est le mets national par excellence. Bien des familles le préparent tous les dimanches et ainsi se trouve presque réalisé le vœu d'Henri IV, le bœuf au pot pouvant tenir lieu de poule au pot.

La *meilleure viande* pour le pot-au-feu, est le bœuf et les meilleurs morceaux sont par ordre de valeur : la tranche, la culotte, le bas de l'aloyau et le gite à la noix ; la poitrine dans l'épais fait aussi un très bon bouillon et a l'avantage de coûter meilleur marché. Le mouton le veau et les volailles sont aussi souvent employés, mais le pot-au-feu classique se fait avec du bœuf.

La proportion de viande et d'eau, pour un ménage de six personnes, est de 1 kilo de viande pour 6 litres d'eau : on aura ainsi de la soupe et la viande pour deux repas.

Le pot en terre doit être préféré aux autres vases.

1° *Placer au fond du pot les parties osseuses, la viande au dessus, l'eau, et saler ;*

1° *Couvrir le pot sans le fermer entièrement et placer sur un feu modéré ;*

3° *Quand l'écume apparaît, au bout de demi-heure environ, écumer, afin que le bouillon soit limpide ;*

4° *Le pot étant écumé, au bout d'une heure environ, ajouter quelques carottes, un poireau, un oignon, quelques clous de girofle, un peu de céleri et un morceau de jambon si on peut ;*

5° Surveiller l'ébullition, de temps en temps, car il est important qu'elle se continue sans arrêt, doucement et longtemps.

(Retirer ou avancer le pot-au-feu suivant le cas).

6° Au bout de cinq à six heures d'ébullition, lente et égale, enlever avec une cuiller la graisse qui surnage, verser le bouillon sur une passoire, au dessus de la soupière, et couvrir celle-ci afin que le pain trempe mieux et plus vite.

N. B. — Si on préfère au pain le vermicelle, semoule, pâtes, etc..., au lieu de verser le bouillon au dessus de la soupière, on le verse dans une casserole de cuivre étamée de préférence. Quand le bouillon a repris l'ébullition, on y jette le vermicelle en le rompant avec les doigts et en le semant pour qu'il ne forme pas des paquets. On répand la semoule ou les pâtes afin d'éviter la formation de grumeaux, et à raison d'une bonne pincée par personne ; 1/4 d'heure environ de cuisson suffit.

Le bouillon à la confection duquel le chou a participé se conserve difficilement.

Le bouillon restant ne doit pas être couvert avant d'être refroidi ; il sera placé dans un endroit frais.

Pour les malades ou les convalescents, il est bon d'employer moitié bœuf, moitié veau ou volaille.

Bouilli. — Le bœuf bouilli se sert entouré de légumes, de cornichons, tomates crues, etc...

Pour relever son goût, on l'accompagne encore de sauces piquantes dont nous parlerons plus tard.

10e RÉUNION

LECTURE

Un dimanche d'hiver en famille

Le célèbre historien, Jules Michelet, qui connut tout jeune la souffrance, la gêne, la misère, en garda une profonde et sincère pitié pour tout ce qui souffre, tout ce qui est humble ou faible, pour la femme, pour l'enfant, pour le peuple, pour les animaux et les plantes même.

Dans le morceau suivant il nous dépeint la vie d'une famille idéale pendant un dimanche d'hiver ; il nous montre le père et la mère s'appliquant à faire comprendre à leurs enfants les beautés de la nature et de la société.

Temps sombre, ténébreux. Il neige, grand vent. Les oiseaux du Nord, qui ont passé de bonne heure, nous annoncent un grand hiver. Il n'y aura pas de visite. Triste dimanche ? Point du tout. Où elle est, qui serait triste ? Ce n'est pas la flamme claire du foyer, le déjeuner chaud, qui réchauffe la maison. C'est elle, sa vivacité tendre, qui remplit tout, anime tout. Elle pense tellement aux siens, les aime, et les enveloppe, et les ouate si doucement qu'il n'y a que de la joie au nid.

La joie est doublée par l'hiver. Les enfants se félicitent du mauvais temps qui les enferme et de la belle journée qu'ils vont passer ensemble. Peu de bruit. Lui, il profite de ce jour pour faire quelque chose de son choix. Il est là, comme au petit tableau du menuisier de Rembrandt. S'il ne rabote pas comme lui, il lit et relit un livre. Mais en lisant, il les sait là qui, par moments, discrètement, disent un petit mot tout bas. Il sent derrière, sans le voir, par la divination du cœur, ce qui ne fait aucun bruit, son mouvement onduleux et doux, à elle, et son petit pas. Elle ne fait que l'indispensable et d'un doigt, mis sur la bouche leur fait signe d'être bien sages et de ne pas le troubler.

Que font-ils là, ces enfants ? Je suis curieux de le savoir. Ils font une pieuse lecture. Ils lisent les grandes aventures, les audaces et les sacrifices des voyageurs d'autrefois qui nous ont ouvert le globe et ont tant souffert pour nous. « Le café qu'a pris votre père, le sucre, enfants, que vous mettez dans le lait abondamment, trop peut-être, tout cela a été acheté par l'héroïsme et aussi par la douleur. Soyons donc reconnaissants. Nous devons à la Providence ces providences humaines des grandes âmes qui peu à peu parviennent à relier le globe, l'éclairent, le fécondent, l'améliorent ou l'amèneront bientôt vers l'accord, vers l'unité qu'aurait une seule âme d'homme. » Peu à peu, elle leur dit la communion matérielle (qui en prépare une morale), la navigation, le commerce, et les voies, les canaux, les rails, le télégraphe électrique.

Les enseigner peu à peu, dans leur véritable sens, avec le temps, la lenteur, la précaution convenable, c'est donner aux enfants l'instruction religieuse, les élever à l'esprit divin, esprit de bonté, de tendresse.

Qui ne le sentira au cœur, quand cette révélation nous vient de la bouche adorée ? Les enfants sont émerveillés. Mais lui-même qui sait tout cela, en le reprenant par elle avec ce charme attendrissant, se tait dans une heureuse extase et sent que tous nos arts nouveaux sont des puissances d'amour.

Père, enfants, ils sont nourris de son âme, de sa douce sagesse. Ils écoutent, et elle a fini. Ils se réveillent comme d'un rêve... Un bruit, un petit bruit, un petit tac tac a retenti aux carreaux. Pétition d'un voisin ailé. Le moineau du toit leur dit de sa franchise pétulante : « Quoi donc, petits égoïstes, dans un aussi mauvais jour vous vous tiendrez enfermés ! » Cette harangue a grand effet ; on ouvre, et l'on jette du pain. Mais quelle est l'émotion, quand un hôte plus confiant, profitant de cette ouverture, entre et bravement sautille au fond de la chambre !

« Oh ! merci, cousin Rouge-Gorge, qui sans façon, nous rappelles la grande parenté oubliée. Tu as raison, en effet ; chez nous, n'est-ce pas chez toi ? » On n'ose plus respirer. La mère avec discrétion, sans l'effrayer, jette des miettes. Et lui, nullement humilié, ayant picoté, et même approché un peu du foyer, s'envole, et laisse cet adieu : « Au revoir, mes bons petits frères ! »

Si l'heure du repas n'approchait, la mère aurait beaucoup à dire. Mais il faut vous nourrir, vous aussi, petits rouges-gorges.

Au dessert, elle leur explique le banquet de la Nature où Dieu fait asseoir tous les êtres, grands et petits, les plaçant selon l'esprit, l'industrie, la volonté et le travail, mettant très haut la fourmi, très bas tel géant (rhinocéros, hippopotame), si l'homme siège à la première place c'est par une chose unique, le sens de la grande harmonie, et l'amour du divin amour, la tendre solidarité avec tout ce qui émane, le sublime don de Piété.

Ces discours pourraient glisser. Ce qui les fait entrer au cœur, ce qui pour les enfants émus grave cette heure dans le souvenir, c'est que devant eux les parents consomment l'acte de fraternité que la prière de la mère a préparé le matin. Le travailleur, pour son frère, donnera de son travail, donc de sa vie et de son âme. Elle l'embrasse, les yeux humides. Et la table est sanctifiée.

Assez pour un jour. Seulement, enfants, réjouissez le cœur de votre père d'un double chant : le chant de la patrie française en ses jours de grand sacrifice, qu'au besoin vous imiterez ; et l'hymne de reconnaissance pour le Dieu, bienfaiteur du monde, qui nous a donné ce jour, et peut-être son lendemain.

Donc, reposons. Votre père, bien fatigué, n'est pas loin de s'endormir. Il s'est couché si tard hier, pour achever son samedi ! Dormez, amis, dormez enfants !

J. MICHELET.

(Extrait de la Femme. - Calmann-Lévy, édit).

La veillée en Famille

Le cercle étroit et clair qui tombe de la lampe.
Dans le même rayon mêlant les fronts penchés,
Paraît unir aussi des cœurs plus rapprochés :
Etres entre eux chéris, qu'assemble la veillée
Autour du guéridon, à l'heure ensommeillée
Où, dans la chambre obscure, un centre de clarté
Absorbe et serre tout en son intimité.
Le livre, le journal ouvrant sa feuille fraîche,
La très petite main qui saute et se dépêche
Avec un fil de laine au bout des doigts,
S'illuminent en blanc sous les rayons étroits
Qui bornent leur lumière aux bords de cette table ;
Les grands fauteuils, où la torpeur est délectable,
Prennent un ton brun clair en l'ombre d'à côté ;
On sent la familière et fine odeur du thé....
— De vieux parents, un frère grand, une sœurette.
La lecture, le rêve, une entente muette
Qui fait d'un mot unique un horizon ouvert,
Voilà donc ce qui tient sous un abat-jour vert....

JEANTET.

Extrait des Morceaux choisis de David Sauvageot.

(A. Colin et Lemerre, édit).

11ᵉ RÉUNION

Quel sera le rôle spécial de la jeune fille au foyer domestique ?

1° Au lieu d'être avant tout préoccupée de sa figure, de sa toilette, du souci de plaire, elle s'appliquera à se rendre utile, en devenant plus particulièrement la collaboratrice de sa mère ;

2° Elle se préparera à son futur rôle de maîtresse de maison par l'apprentissage de la cuisine, de la couture, de l'économie domestique ;

3° Si elle a déjà fait choix d'un métier, après avis et conseils des parents, elle s'appliquera à faire profit des observations et des directions qu'on lui donnera ;

4° Elle ne négligera jamais de développer son intelligence par des lectures bien choisies, par la fréquentation des classes postscolaires, réunions etc..., et donnera une partie de son temps aux œuvres de solidarité ;

5° Enfin elle se consacrera au bonheur de tous en ne laissant échapper aucune occasion d'être agréable à ceux et à celles qui l'entourent au foyer domestique.

Évitez surtout, par un air triste et désenchanté, de laisser croire à vos parents que vous n'êtes pas heureuses auprès d'eux. Par votre bonne humeur soyez au contraire, pour toute la famille, une source de réconfort et de joie.

DICTÉE

A une jeune fille

Jeune fille, commence dans la famille ta *mission* de femme. Retiens tes frères autour de toi ; ta faiblesse les apprivoise aujourd'hui ; que plus tard, ce soit ta douceur qui les apaise. Sois la *concorde* et la joie des tiens. Sois l'amie du plus faible. Tu verras souvent accabler le coupable : ceux qui se croient forts trouvent cela plus facile que de leur tendre la main. Toi, console et relève ; que ta voix ne se lasse jamais d'implorer le pardon.

Sois *l'inspiratrice des bonnes actions* et des hautes pensées. Sois attentive à recueillir le bien autour de toi, pour *enrichir ton âme* et rejeter le mal. Sois pour les tiens comme une conscience visible, sois la lumière qui leur montre le devoir.

(C. E. P.)

Pensée. — Seules, veillons sur nos pensées ; en famille, veillons sur notre humeur ; en société, veillons sur notre langue. (Mᵐᵉ DE STAËL).

EXPLICATION DES MOTS EN ITALIQUE

Mission : le rôle, la fonction, la tâche à remplir.

Concorde : bonne entente, harmonie. Etre la concorde des siens, c'est maintenir parmi eux l'entente, l'accord.

Inspiratrice des bonnes actions : éveil, désir chez autrui de faire le bien.

Enrichir son âme : cultiver les bons sentiments, devenir meilleur.

GRAMMAIRE ET ORTHOGRAPHE

Indiquer les verbes de la dictée à l'impératif, et les conjuguer.

Règle relative aux verbes terminés à l'infinitif par *eler* ou par *eter*. Exceptions (*acheter, épousseter, etc...*)

Rapprocher *accueillir* de *recueillir*.

QUESTIONS D'INTELLIGENCE

Comment la douceur apaise-t-elle ?

Pourquoi est-il plus facile d'accabler les coupables que de leur tendre la main ?

CALCUL

CALCUL D'UNE DIMENSION CONNAISSANT LA SURFACE

ET L'AUTRE DIMENSION — PÉRIMÈTRES

B désignant la base, H la hauteur et S la surface, faire écrire aux jeunes filles les formules suivantes, après les avoir expliquées clairement :

Rectangle ou parallélogramme : $B = \dfrac{S}{H}$ ou $H = \dfrac{S}{B}$;

Triangle : $B = \dfrac{S}{H} \times 2$ ou $H = \dfrac{S}{B} \times 2$.

Trapèze (b. petite base) : $H = \dfrac{S}{(B + b) : 2}$

Faire observer qu'en divisant des hm^2 ou ha par des hm, on trouve au quotient des hm ; des dam^2 ou ares divisés par des dam, donnent des dam, etc... ; —

Qu'on ne doit jamais diviser des hm^2 par des m. ou par des dam, le dividende devant représenter, en principe, les mêmes unités au carré que le diviseur.

Distinguer, au moyen de figures au tableau noir, ou mieux sur des figures géométriques découpées, le *périmètre* de la *surface* du carré, rectangle, triangle diverses sortes, losange, etc...)

(*Nous réservons pour la 2e année l'étude de la circonférence, du cercle et de la couronne*).

EXERCICE ÉCRIT

Pour faire une robe on achète 8ᵐ 50 d'étoffe ayant 0ᵐ 60 de large et valant 62 fr. 50 le dam. On la double avec une étoffe ayant 0ᵐ 80 de large et valant 4 sous 1/2 le pan. On demande :

1° Combien il faudra acheter de mètres de doublure ;

2° Le prix net des deux étoffes, si l'on obtient, en payant comptant 2 fr. 50 o/o d'escompte ?

SOLUTION

Surf. d'étoffe employée : 8ᵐ, 50 $\times$ 0, 60 = 5ᵐ², 10

Longueur de doublure nécessaire : $\frac{5, 10}{0, 8}$ = 6ᵐ, 375

4 sous 1/2 = 0 fr. 225. Le prix du mètre de doublure est 0 fr. 225 $\times$ 4 = 0 fr. 90

Prix de l'étoffe : 6 fr. 25 $\times$ 8, 5 = 53 fr. 125

Prix de la doublure : 0 fr. 90 $\times$ 6,375 = 5 fr. 737

Prix total... 58 fr. 862

Escompte à déduire $\frac{2, 50 \times 58, 862}{100}$ = 1 fr. 471

Prix net des deux étoffes : 57 f. 391 ou 57 f. 40

CALCUL MENTAL

1. — Évaluer le périmètre d'un carré (tapis, etc...) de 15ᵐ, 25ᵐ, 30ᵐ, 25 de côté ; —

2. — Évaluer le périmètre d'un rectangle (tapis, couverture, etc...) de 12 $\times$ 9, — 15 $\times$ 12, — 28 $\times$ 14, etc... —

3. — Évaluer le périmètre d'un triangle équilatéral de 8ᵐ, 50, — 9ᵐ, 25, — 12ᵐ, 75 de côté, etc...

DROIT USUEL

EXERCICE

Le billet à ordre diffère du billet ordinaire (voir, 3ᵐᵉ réunion) en ce que :

1º Le billet à ordre ne produit ordinairement pas intérêt ;

2º Il est payable à l'ordre du créancier, c'est-à-dire que ce dernier a la faculté de passer son billet à une autre personne, celle-ci à une troisième, et ainsi de suite.

Dans ce dernier cas, le propriétaire du *billet à ordre*, endosse ce billet, c'est-à-dire qu'il écrit au dos du billet qu'il cède, par exemple, à Jean Nicole, à B..., ces mots :

Payez à l'ordre de Jean Nicole, à B... valeur reçue en marchandises (ou en espèces, ou en compte). — Puis le créancier date et signe.

EXERCICE

Jeanne Durantin achète à la maison Ernest Bonot, de Dijon, pour 275 francs de marchandises payables dans six mois. Jeanne écrira et signera le billet à ordre suivant, qu'elle remettra à M. E. Bonot.

MODÈLE

Alban, le 3 novembre 1910   *B. P. F. 275.*

Au trois mai prochain, je payerai à M. Ernest Bonot, négociant à Dijon, ou à son ordre, la somme de deux cent soixante-quinze francs, valeur reçue en marchandises.

Jeanne DURANTIN,
épicière, à Alban (Tarn).

M. Ernest Bonot, ayant immédiatement — aujourd'hui 3 novembre 1910 — besoin d'argent, remettra ce billet à Jean Nicole, ou à une banque, après l'avoir endossé comme il a été dit plus haut.

N. B. — Tout ce qui a été dit à propos du billet ordinaire et de la lettre de change s'applique au billet à ordre. C'est ainsi que si la signataire n'avait pas écrit le billet même, elle devrait faire précéder sa signature des mots : « *Bon pour deux cent soixante-quinze francs.* »

L'enregistrement des billets ordinaires ou à ordre ne s'impose que lorsqu'on doit faire usage des dits billets en justice ou dans un acte soumis aux droits de l'enregistrement.

ECONOMIE DOMESTIQUE

LAVAGE DE L'ÉVIER, DE LA VAISSELLE, DES BOUTEILLES ETC.

Evier. — L'évier est la partie de la cuisine qui doit être nettoyée le plus souvent et avec grand soin. Les cuisines où l'on respire une odeur fétide le doivent généralement à leur évier, soit que le nettoyage en soit difficile, par suite d'un défaut de construction, soit que la mauvaise odeur des eaux de vaisselle remonte par la bouche de l'évier. Aussi la cuisinière doit-elle veiller attentivement à la propreté de cet évier. Il suffira :

1º De le nettoyer au savon noir avec une brosse de chiendent chaque fois qu'on a fini de s'en servir ;

2º D'y faire couler, après ce nettoyage, une certaine quantité d'eau propre pour entraîner les impuretés qui pourraient rester dans les conduits ;

3º De boucher soigneusement la bouche de l'égout après chaque opération.

Si la pierre de l'évier s'encrassait, quelques gouttes d'esprit de sel la rendraient vite propre.

Les éviers en pierre sont les plus répandus, et peut-être les plus pratiques, pourvu que la pierre employée ne soit pas poreuse ou creuse comme une éponge.

Vaisselle. — Ridicule de la répugnance qu'inspire souvent le lavage de la vaisselle.

Indiquer les opérations nécessaires du nettoyage des assiettes, plats, cuillers, fourchettes, etc...

1º Enlever les débris qui y adhèrent ;

2º Laver à l'eau chaude, non bouillante, à l'aide d'une sorte de gros pinceau en ficelle, appelé *lavette*, ou plus couramment avec un morceau de toile grossière ;

3º Après cette première eau, passer dans une seconde eau, tiède et claire, ce qui évite de trop salir les torchons d'essuyage ;

4º Après un égouttage de quelques minutes dans une corbeille ad hoc, inclinée sur l'évier, essuyer avec un torchon bien sec.

Une pratique à recommander est d'ajouter à l'eau chaude quelque cristaux de soude.

Bouteilles, couteaux, etc... — Les bouteilles, dont les taches ou les impuretés intérieures résistent au lavage à l'eau chaude avec chaine de fer ; les carafes, dans lesquelles se sont produites des incrustations, sont ordinairement bien nettoyées par le marc de café arrosé d'eau chaude. Les coquilles d'œufs ont l'inconvénient de rayer le verre.

Les couteaux ne doivent pas être trempés dans l'eau, la lame est lavée à l'aide d'un linge mouillé et repassée sur la planchette spéciale recouverte d'un cuir sur lequel on a rapé un peu de brique anglaise. Les taches disparaissent en les frottant avec le jus de citron, on essuie ensuite et on passe enfin à la brique anglaise.

(Faire l'application de ces diverses recettes devant les jeunes filles et avec leur aide).

12ᵉ RÉUNION

LECTURE

Retour de la messe de minuit en Périgord

Un écrivain contemporain, Eugène Le Roy, né à Hautefort (Dordogne) en 1836, a excellé à peindre les mœurs et les figures paysannes Périgourdines sous la Restauration.

Dans *Jacquou le Croquant*, qui rappelle les meilleurs romans du même genre de Ferdinand Fabre, il raconte la souffrance et la misère d'une famille pauvre, traquée par de riches et puissants hobereaux.

La messe finie, le prêtre posa son ornement doré sur le coin de l'autel, et, la grille de la balustrade ayant été ouverte, on nous fit entrer tous dans le chœur pour prier devant la crèche. On chanta d'abord un noël ancien entonné par le chapelain, ensuite chacun fit son oraison à part. Tout ce monde à genoux regardait pieusement le petit Jésus rose, aux cheveux couleur de lin, en marmottant ses prières, quand voici que tout d'un coup il ouvre les bras, remue les yeux, tourne la tête et fait entendre un vagissement de nouveau-né.

Alors de cette foule de paysans superstitieux, sortit discrètement un : « Oh ! » d'étonnement et d'admiration. Ces bonnes gens, bien sûr, pensaient pour la plupart qu'il y eût là quelque miracle, et en restaient immobiles, les yeux écarquillés, badant, avec l'espoir que le miracle allait recommencer.

Mais ce fut tout. Lorsque nous sortimes en foule, tout ce monde babillait, échangeant ses impressions. D'aucuns tenaient pour le miracle, d'autres étaient en doute, car, de vrais incrédules, point. Ma mère s'en fut allumer notre falot à la cuisine dont la porte ouverte flambait au bas de l'escalier de la tour. Quelle cuisine ! Sur le gros contre-hâtier (1) de fer forgé, brûlait un grand feu de bois de brasse, devant lequel rôtissait un gros coq d'Inde au ventre rebondi, plein de truffes qui sentaient bon. Au manteau de la cheminée, un râtelier fait à l'exprès portait une demi-douzaine de broches avec leurs hâtelets, (2) placés par rang de taille. Accrochées à des planches fixées aux murs, des casseroles de toutes grandeurs brillaient des reflets du foyer, au-dessus des chaudrons énormes, et des bassines couleur d'or pâle. Des moules en cuivre rouge ou étamés étaient posés sur des tablettes, et encore des ustensiles de formes bizarre dont on ne devinait pas l'usage. Sur la table longue et massive, des couteaux rangés par grandeur sur un napperon, et des boîtes en fer battu, à compartiments, pour les épices. Deux grils étaient là aussi, chargés, l'un de boudins, l'autre de pieds de porc, tout prêts à être posés sur la braise que la fille de cuisine tirait par côté de la cheminée. Il y avait encore sur cette table des pièces de viande froide et des pâtés qui faisaient plaisir à voir dans leur croûte dorée.

Ayant allumé son falot, ma mère remercia et donna le bonsoir à ceux qui étaient là. Mais les deux femmes seules le lui rendirent. Quant au chef cuisinier qui se promenait, leur donnant des ordres, glorieux comme un dindon, avec sa veste blanche et son bonnet de coton, il ne daigna tant seulement pas lui répondre.

Au delà de la première porte, après avoir passé le pont, la Mion du Puymaigre et d'autres nous atten-

---

(1) Grands chenets de cuisine à crochets,
(2) Ustensile pour fixer la pièce à la broche,

daient ; leurs falots ayant été allumés au nôtre, nous nous en allâmes tous.

Il neigeait toujours, « comme qui jette de la plume d'oie à grandes poignées », pour parler ainsi que les bonnes femmes, et la neige était épaisse d'un pied déjà dans laquelle nos sabots enfonçaient. A mesure que les gens rencontraient leur chemin ils nous laissaient avec un : « A Dieu sois ! A Puymaigre, la Mion nous ayant quittés, nous suivîmes seuls notre route. Cette neige me lassait fort, et, tout au rebours de l'aller je me faisais tirer par le bras.

— Tu es fatiguée, dit ma mère, monte à la chèvre morte.

Et, s'étant baissée, je grimpai à cheval sur son échine, entourant son col de mes petits bras, tandis qu'avec les siens en ramenait mes jambottes en avant. Tout en allant, je lui faisais des questions sur tout ce que j'avais vu, principalement sur le petit Jésus : .

— Est-ce qu'il est vivant, dis, ?...

Ma mère qui était une pauvre paysanne ignorante, comme celle qui n'entendait pas seulement le français, mais femme de bon sens au demeurant, me fit comprendre que s'il avait remué, c'était par le moyen de quelque mécanique.

Et elle allait toujours, lentement, enfonçant dans la neige molle, me rehissant d'un coup de reins lorsque j'avais glissé quelque peu, et s'arrêtant de temps à autre pour secouer contre une pierre, ses sabots, embottés de neige.

Un vent âpre s'était levé, faisant tourbillonner la neige qui tombait toujours à force. La campagne déserte était toute blanche ; les coteaux semblaient couverts d'un grand linceul triste, comme ceux qu'on met sur la caisse des pauvres morts. Les châtaigniers, aux formes bizarres, marquaient leurs branches tourmentées par une ligne blanche. Les fougères poudrées de neige penchaient vers la terre, tandis que sur les bruyères, la brande et les ajoncs, plus solides, elle s'amassait sur place. Un silence de mort planait sur la terre désolée, et l'on n'entendait même pas le bruit des pas de ma mère, amorti par la neige épaisse.

Pourtant, comme nous entrions dans la lande du Grand-Castang, un crapaud-volant jeta dans la nuit son cri mal plaisant qui me fit frissonner.

E. Le Roy.

(Extrait de *Jacques le Croquant*. - Calmann-Lévy, édit.)

13e RÉUNION

Instinctivement, nous nous sentons unis par des liens plus étroits à tous les membres de notre famille : c'est l'*esprit de famille*, créant entre tous les nôtres un vif sentiment de solidarité.

Il se manifeste : 1° par la fierté que nous éprouvons quand quelqu'un de notre famille a fait une belle action, ou par l'humiliation ressentie après une action indigne ;

2° Par des ressemblances physiques et morales plus ou moins accentuées ;

3° Par un fidèle attachement, dans beaucoup de cas, aux mêmes travaux à la même carrière, à la même ligne de conduite ;

Signaler les avantages de l'esprit de famille : 1° il nous remplit d'une généreuse émulation à bien faire pour conserver l'honneur du nom ; 2° il développe l'amour filial et l'amour fraternel, et nous porte à contribuer autant que possible au succès de nos proches.

Ses dangers : 1° il peut devenir égoïste, mesquin, rendre injuste à l'égard des autres ; 2° les succès obtenus, l'honneur du nom, peuvent porter à l'orgueil, à l'arrogance.

Il faut donc soumettre ce sentiment, très louable en principe. au contrôle de la raison.

Peut-être l'esprit de famille tend-il, de nos jours, à disparaître.

Les jeunes filles, les femmes, paraissent particulièrement désignées, à cause de leur humeur plus conciliante et des facilités qu'elles ont de maintenir les bonnes relations, pour le faire revivre, le cultiver et le développer.

DICTÉE

L'esprit de famille

L'esprit de famille est un ensemble de *traditions*, une disposition particulière à les entretenir et à les continuer, un profond respect pour les parents vivants ou morts, une vive tendresse pour ses enfants, ses frères, ses neveux, les frères et sœurs de son père ou de sa mère, une extrême *déférence*, pour les aînés, une tendre sollicitude pour les jeunes, le plaisir d'être ensemble, la satisfaction de tout ce qui réjouit ou rehausse un membre de la famille, le culte de l'honneur attaché au nom des ancêtres et l'horreur de tout ce qui pourrait le souiller.

Où il n'y a pas esprit de famille, il y a *désagrégation*, isolement et faiblesse. L'esprit de famille préserve de bien des tentations et des fautes ; il console de bien des revers, il relève de bien des chutes.

J. Steeg.

Pensée. — Fais que tes aïeux soient fiers de se revoir
Dans l'acier de ton nom, comme en un pour miroir.

V. de Laprade.

EXPLICATION DES MOTS EN ITALIQUE

Tradition : habitudes, usages transmis d'âge en âge par les exemples ou la parole.

Déférence : complaisance, amabilité respectueuse.

Désagrégation : au sens propre, séparation, dispersion des parties d'un corps. Ici signifie désunion entre les membres d'une famille.

GRAMMAIRE ET ORTHOGRAPHE

Conjuguer *pouvoir* au prés. de l'indic., au passé défi-ni, au futur, au subj. prés.

Distinguer *où* (marquant le lieu) de *ou* (ou bien).

QUESTIONS D'INTELLIGENCE

Expliquez pourquoi l'esprit de famille préserve de bien des tentations et de fautes, — console de bien de revers, — relève de bien des chutes ?

COMPTABILITÉ

LA COMPTABILITÉ MÉNAGÈRE

I. — Prouver la nécessité d'écrire sur un carnet, ou sur un cahier spécial, toutes les recettes et toutes les dépenses qui se font journellement dans un ménage : *pas de succès et de prospérité sans économie, pas d'écono-mie sans ordre et pas d'ordre sans comptabilité.*

Pas de fortune, si considérable qu'on la suppose, qui ne soit compromise par ce défaut d'ordre et de comptabilité ; — pas de position si modeste qu'on n'arrive à améliorer avec leur aide.

Pourquoi, dans beaucoup de campagnes, ne s'en préoccupe-t-on pas ? Par ignorance de son utilité ou quelquefois par défaut d'instruction des parents.

Les jeunes filles sont tout indiquées pour combler cette lacune.

II. — Donner quelques utiles conseils au sujet des achats, des dépenses et des recettes.

1° *Achats.* — Avantages des achats au comptant ; on peut acheter dans la meilleure maison, — on est mieux servi, — on ne court pas le risque de payer deux fois la même note. Le crédit porte à l'exagération et au désordre.

En cas de nécessité d'un carnet de compte chez le boulanger, l'épicier, le boucher, payer régulièrement tous les quinze jours ou tous les mois.

Ne pas se laisser éblouir par le bon marché qui devient très souvent cher ; éviter d'entrer dans les magasins d'entrée libre et à prix marqués, afin de ne pas succomber aux tentations inévitables.

Ainsi que nous le verrons plus tard, les *sociétés coopératives* peuvent fournir de meilleurs produits, à meilleur compte, que les établissements privés ; il faut les encourager et les soutenir.

Acheter par quantités pour profiter des prix du gros ; choisir le moment propice pour faire les achats (*le vin s'achète en hiver ; le bois, en été ; les vêtements, en automne ou au printemps, etc...*) sont des opérations qui permettent d'obtenir des prix moins élevés.

L'expérience et les bons conseils des parents seront en ceci, le meilleur guide.

2° *Dépenses.* — Distinguer les *dépenses nécessaires* des *dépenses inutiles.*

Les *dépenses nécessaires* se rapportent à l'alimentation, au logement, au vêtement et au paiement des taxes et contributions.

La nourriture doit répondre, aux nécessités de l'hygiène et être saine et abondante : elle doit absorber environ 50 % des ressources. Le choix du logement sera inspiré par les règles d'hygiène que nous étudierons bientôt : on y consacrera 20 % du budget. Le vêtement sera simple, confortable et variera avec la température. Le nettoyage et l'entretien de l'habitation et du vêtement constituent aussi une nécessité matérielle.

Signaler les importantes économies que peut réaliser la jeune fille qui a du goût et un peu d'ingéniosité, quand il s'agira de tailler ou de refaire elle-même ses vêtements ; de rafistoler ou de transformer des objets, des ornements démodés, etc.

Quelques autres dépenses ont encore une utilité matérielle immédiate : telles sont, par exemple, l'embellissement des maisons, l'ornementation des appartements, l'éducation des enfants, etc.

L'intelligence a besoin de nourriture, comme le corps, et il ne faut pas négliger cette culture sous peine de déchoir infailliblement.

Enfin nous sommes tenus de faire, dans notre budget, une part raisonnable aux œuvres de prévoyance, de bienfaisance et de solidarité. Nous reviendrons plus tard sur cette question.

Les dépenses inutiles, quoique ayant une base utile, sont généralement celles qui deviennent blâmables par leur exagération. Elles sont inspirées par la vanité, par le désir de paraître *(faste dans les vêtements, dans le train de maison etc)*. Quelques-unes occasionnent des dépenses non seulement inutiles, mais nuisibles *(abus des spectacles, du bal, excès de table, satisfaction de manies diverses)*.

Le gaspillage, sous toutes ses formes et l'ostentation, prennent le plus souvent la place de dépenses utiles.

3° *Recettes*. — A moins qu'il s'agisse d'un ouvrier ou d'un employé, les recettes ne peuvent guère être fixées à l'avance, et c'est ce qui rend, dans la plupart des cas, l'établissement préalable d'un Budget bien difficile.

Ce qui importe toutefois, à ce sujet, c'est de ne pas

comprendre sous cette rubrique les *emprunts*, inévitables dans certaines circonstances.

Ils doivent être exclus rigoureusement d'un ménage bien ordonné, à moins d'événements exceptionnels (*maladie grave, catastrophes, etc.)* ou de circonstances particulières, telles que l'achat avantageux d'une propriété, d'un fonds de commerce ou d'une charge.

EXERCICE DE FRANÇAIS

LES LETTRES DE « BONNE ANNÉE »

Conseils. — Les lettres dites de *bonne année* donnent quelquefois lieu à de véritables abus. Tantôt on se borne à copier servilement le modèle trouvé dans un de ces *Parfaits secrétaires* aujourd'hui si répandus ; — tantôt, pour donner l'illusion d'un travail personnel, on ajuste tant bien que mal à ses propres idées quelques bribes extraites de ces ouvrages ; — tantôt enfin, on fait corriger si soigneusement ces sortes de lettres que ces corrections méticuleuses leur enlèvent le cachet de personnalité qui doit faire le charme de ces sortes de correspondances.

Voici quelques réflexions, quelques conseils généraux qui pourront être de quelque utilité :

On souhaite la *bonne année*, parce que la vie est un voyage dont chaque année forme une étape ; — parce que chacune de ces années est une petite vie ayant son commencement, son milieu et sa fin ; — parce que chacune de ces années apporte un contingent de joies et de peines, de succès ou de revers, comme en apportent un voyage, une traversée.

Donc quand on dit *bonne année* à quelqu'un, c'est comme si on lui disait, au début d'un voyage ou au moment de son entrée dans une carrière : bon voyage ! bonne chance ! soyez heureux !

Les lettres de bonne année correspond plus et mieux qu'à un usage plus ou moins banal : elles sont un devoir essentiel, en même temps qu'un devoir agréable pour ceux et pour celles dont le cœur est resté sain et bon.

A qui doit-on écrire à l'occasion de la nouvelle année ?

A ceux qui nous aiment, qui nous ont fait du bien, et pour lesquels nous devons naturellement éprouver de l'affection, du respect et de la reconnaissance, et dont l'éloignement nous prive du plaisir de leur dire de vive voix nos vœux et nos souhaits.

Sous peine d'être taxées d'indifférence ou d'ingratitude, nous ne devons pas ignorer quels évènements heureux ou malheureux ont réjoui ou attristé nos parents, nos bienfaiteurs, nos amis, pendant l'année écoulée. En y faisant allusion, dans la lettre de *bonne année*, nous prouverons que nous avons vécu la vie des personnes qui nous sont chères, et pour exprimer les sentiments qui conviennent à leur passé et à leur avenir, il suffira de demander l'inspiration nécessaire à sa mémoire et à son cœur.

Aucune maîtresse, aucun manuel, aucun modèle, ne pourraient dicter ce qu'il faut écrire, suivant les cas.

Aussi pensons-nous qu'il est préférable d'inviter les jeunes filles à faire, dans leur famille, les lettres de *bonne année* qu'elles peuvent avoir à écrire, en leur recommandant la simplicité et le naturel, sauf ensuite à leur corriger, si elles le désirent, les principales incorrections et les fautes d'orthographe grossières.

ENSEIGNEMENT MÉNAGER

Les Légumes.

On désigne sous ce nom les végétaux ou parties de végétaux employés dans notre alimentation. Ainsi l'*artichaut* (fleur), les *carottes* (racines), les *tomates* (fruit), les *chicorées* (feuilles), les *haricots* (graines), les *pommes de terre* (tubercules), sont des légumes.

Division en quatre principaux groupes :

1° *Légumes farineux frais* (pommes de terre, pois et haricots frais, artichauts etc.).

2° *Légumes farineux secs* (haricots, pois, lentilles etc.)

3° *Légumes herbacés verts* (laitues et autres salades, épinards, oseille, asperges, choux, céleri, etc.).

4° *Fruits légumiers* (tomates, aubergines, concombres etc.).

En principe, les légumes frais, verts, herbacés, sont soumis à l'action de l'eau bouillante, salée : ils doivent cuire vivement et sans arrêt. Pendant la cuisson il faut laisser les casseroles découvertes, pour conserver aux légumes leur teinte.

Les légumes secs sont d'abord mis dans l'eau froide, non salée ; l'ébullition ne doit pas être pressée : mais quand elle est obtenue, il faut la prolonger longtemps. Après les avoir triés et lavés, il est bon de les mettre à tremper dès la veille. En les faisant cuire dans cette eau, ils sont plus tendres et plus vite cuits. Si l'eau employée est trop calcaire, ces légumes cuisent mal ; il faut y ajouter quelques grammes de cristaux de soude.

Haricots blancs secs

1° Trier et laver un livre de haricots et les placer dans une marmite avec quatre litres d'eau ; c'est ce qu'on appelle les faire blanchir.

2° Quand ils sont presque cuits — ce que l'on connaît à la simple pression des doigts — les égoutter dans une passoire ou un tamis.

3° D'autre part, faire roussir dans une casserolle, où l'on a mis deux cueillerées de graisse, quelques carottes, de petits oignons, un peu de céleri, une tomate, et mêler avec les haricots égouttés.

4° Ajouter environ deux litres d'eau, une feuille de laurier, deux ou trois têtes d'ail, un peu de persil et saler.

La cuisson est terminée au bout d'une heure et demie à deux heures.

Les haricots frais, les lentilles et les pois se préparent de la même manière ; mais on se dispense de faire blanchir les deux dernières variétés de légumes.

14e RÉUNION

LECTURE

La jeune Sibérienne

Lopouloff, seigneur russe et sa famille, ont été exilés en Sibérie, pour des motifs tenus secrets. La jeune fille, Prascovie, âgée de 15 ans a résolu d'aller à St-Pétersbourg demander au Czar, Paul 1er, (1726-1801) la grâce de son père.

Après avoir obtenu du gouvernement le passeport indispensable, elle va partir, seule, pour effectuer le long et périlleux voyage, qui sera d'ailleurs couronné de succès.

Aussitôt que la nouvelle se répandit dans le village, toutes leurs connaissances vinrent la voir, poussées par la curiosité plutôt que par un véritable intérêt.

Au lieu de l'aider ou de l'encourager dans son entreprise, on désapprouva généralement son père de lui avoir accordé la permission de partir.

Ceux qui auraient pu lui donner quelques secours parlèrent des circonstances malheureuses qui empêchent souvent les meilleurs amis de se rendre service au besoin, et au lieu de l'assistance et des consolations que la famille en attendait, ils ne lui laissèrent en la quittant que de sinistres présages.

Cependant deux des plus pauvres et des plus obscurs prisonniers prirent la défense de Prascovie, et l'encouragèrent par leurs conseils :

— « On a vu, disaient-ils, des choses plus difficiles réussir contre toute espérance. Sans parvenir elle-même jusqu'au souverain, elle trouvera des protecteurs qui parleront pour elle, lorsqu'on la connaîtra et qu'on l'aimera comme nous ».

Le 8 septembre, à l'aube du jour, ces deux hommes revinrent pour prendre congé d'elle et assister à son départ.

Ils la trouvèrent déjà, toute disposée pour le grand voyage et chargée d'un sac qu'elle avait préparé depuis longtemps.

Son père lui remit le rouble (1) qu'il lui destinait, mais qu'elle ne voulait pas accepter ; elle représentait que cette petite somme ne pouvait pas la conduire jusqu'à St-Pétersbourg, tandis qu'elle pouvait leur devenir nécessaire.

Un ordre absolu de son père put seul la lui faire accepter.

Les deux pauvres exilés voulurent aussi contribuer au petit fonds qu'elle emportait pour le voyage ; l'un offrit trente kopecks (2) en cuivre, et l'autre une pièce de vingt kopecks en argent ; c'était leur subsistance de plusieurs jours.

Prascovie refusa leur offre généreuse, mais elle en fut vivement touchée.

— Si la Providence, leur dit-elle, accorde jamais quelque faveur à mes parents, j'espère que vous en aurez une part.

Dans ce moment, les premiers rayons du soleil levant parurent dans la chambre.

— « L'heure est venue, dit-elle ; il faut nous séparer. »

Elle s'assit ainsi que ses parents et les deux amis, comme il est d'usage en Russie en pareille circonstance.

Lorsqu'un ami part pour un voyage de long cours, au moment de faire les derniers adieux, le voyageur s'assied ; toutes les personnes présentes doivent l'imiter ; après une minute de repos, pendant laquelle on parle du temps et de choses indifférentes, on se lève, et les pleurs et les embrassements commencent.

Cette cérémonie, qui, au premier coup d'œil, paraît insignifiante, a cependant quelque chose d'intéressant. Avant de se séparer pour longtemps, peut-être pour toujours, on se repose encore quelques moments ensemble, comme si l'on voulait tromper la destinée et lui dérober cette courte réjouissance.

Prascovie reçut à genoux la bénédiction de ses parents, et, s'arrachant courageusement de leurs bras, quitta pour toujours la chaumière qui lui avait servi de

---

(1) Monnaie russe valant environ 4 francs.
(2) Monnaie russe valant 4 centimes.

prison depuis son enfance. Les deux exilés l'accompa-
gnèrent pendant la première verste (1).

. . . .

Lorsque les deux amis qui l'avaient accompagnée la
quittèrent, elle avait trouvé plusieurs jeunes filles qui
faisaient la même route jusqu'au village voisin, éloigné
d'Ischim d'environ vingt-cinq verstes.

Chemin faisant, elles furent accostées par une bande
de paysans dont quelques uns étaient à moitié ivres ; ils
descendirent de cheval sous prétexte de les accompa-
gner ; c'était à l'entrée d'un grand bois.

Les voyageuses alarmées ne voulurent point s'y ache-
miner avec eux ; elles avaient quelques provisions, et
s'assirent pour se restaurer, en priant les villageois de
continuer leur route ; mais ils s'assirent avec elles, en
déclarant vouloir partager leur déjeuner, et les accom-
pagner ensuite jusqu'au village.

Dans cette perplexité, Prascovie, pour éloigner ces
importuns, crut pouvoir employer une petite ruse, qui
lui réussit :

— « Nous irions volontiers avec vous, leur dit-elle, mais
nous devons attendre ici mes frères, qui nous amènent
des chariots pour nous transporter. »

Les jeunes gens virent en effet dans l'éloignement
deux chariots que Prascovie avait aperçus avant eux ;
bientôt après, ils remontèrent à cheval et disparurent.

— « C'était un petit mensonge, disait-elle en se racon-
tant sa première aventure ; mais il ne m'a pas porté
malheur. »

Elle parvint heureusement au village où elle devait
s'arrêter, et loger chez un paysan de sa connaissance,
qui la traita fort bien.

. . . .

Parmi les situations pénibles de son voyage, il en est
une dans laquelle la jeune fille crut sa vie menacée, et
qui mérite d'être connue pour sa singularité.

Elle marchait un soir le long des maisons d'un villa-

---

ge, pour chercher un logement, lorsqu'un paysan qui venait de lui refuser l'hospitalité la suivit et la rappela.

C'était un homme âgé, de très mauvaise mine.

Prascovie hésita si elle accepterait son offre, et se laissa cependant conduire chez lui, craignant de ne pas obtenir un autre gîte.

Elle ne trouva dans l'isba (1) qu'une femme âgée, et dont l'aspect était encore plus sinistre que son conducteur.

Ce dernier ferma soigneusement la porte et poussa les guichets des fenêtres.

En la recevant dans leur maison, ces deux personnes lui firent peu d'accueil ; elles avaient un air si étrange, que Prascovie éprouvait une certaine crainte et se repentait de s'être arrêtée chez elles.

On la fit asseoir.

X. DE MAISTRE (1764-1852).
(Extrait de la Jeune Sibérienne, - Hachette, édit.)

15me RÉUNION

Après les soins d'hygiène individuelle, indiqués à la 7e réunion, la jeune fille doit se préoccuper de rendre saine et agréable, autant qu'il est en son pouvoir, la maison d'habitation. Il ne saurait être question de tout bouleverser, d'imposer sa volonté d'un ton arrogant ou d'exiger des améliorations irréalisables, mais seulement de donner avec tact quelques utiles conseils, si la famille est locataire ou de tirer le meilleur parti possible de l'immeuble familial.

L'Institutrice se rendra compte, par elle-même, des plus graves défectuosités que présentent les habitations de la région *(ouvertures trop rares ou trop étroites et défaut d'éclairage ou d'aération, — plafonds trop bas, — modes de chauffage antihygiéniques, — voisinage d'égoûts, de résidus, fumier, etc.).* et elle s'inspirera de ces constatations pour donner, avec le tact et la prudence convenables — sans jamais faire d'humiliantes personnalités — quelques conseils pratiques, appropriés au milieu.

Les maisons situées dans les parties élevées d'une ville, ou un peu à l'écart, les étages supérieurs d'une habitation, doivent être préférés. — L'air des appartements doit être fréquemment renouvelé, même pendant la nuit,— soit en laissant les fenêtres entr'ouvertes, soit en faisant brûler, dans la cheminée, une poignée de copeaux, papier, etc... — Les systèmes de chauffa-

---

(1) Chaumière russe, composée d'une seule pièce, dont le principal meuble est un grand poêle sur lequel les paysans couchent tout habillés.

ge qui émettent des gaz toxiques (poéles, brasières, chaufferettes) doivent être éliminés. — Les murs des appartements doivent être clairs, peints à l'huile de préférence et aisément lavables, les badigeonner tous les ans au lait de chaux (1). — Eviter les meubles inutiles et les draperies pouvant conserver la poussière ou empêcher l'air et la lumière d'y pénétrer largement. — Laver les planchers, l'évier, les cabinets d'aisance, en plus des soins ordinaires de propreté, avec un désinfectant tous les 8 ou 15 jours.

S'appliquer surtout à rendre le logis agréable, l'habitation étant des facteurs les plus puissants de la santé, de la vertu et du bonheur. *(Nous parlerons plus tard de la société des Habitations à bon marché.)*

(Voir à l'Annexe : *Décoration des Ecoles et de la Famille.)*

DICTÉE

Aménagez bien votre maison

« La belle chose, disait un mari grec à sa femme, que des vases d'airain ; la belle chose enfin que de voir des marmites rangées avec intelligence et *symétrie !* Grâce à la symétrie, tous ces objets paraissent plus beaux encore, quand ils sont disposés avec ordre. Tous ces ustensiles semblent former une ronde : le cercle que concourent à former les objets compose une beauté que rehausse la distance des autres. »

Que la jeune fille s'inspire de ces idées ; qu'elle mette son orgueil à offrir aux siens une cuisine ordonnée, ornée, reluisante : la table nette, les chaises cirées, la ferblanterie accrochée à une tringle au-dessus de l'évier, la *terraille* rangée au-dessous ; les chandeliers alignés au rebord de la cheminée, le long du manteau ventru bien blanchi, dans l'âtre, les landiers polis au papier de verre ; autour de la pièce, sur des étagères, par rang de taille, les chaudrons, les casseroles, les bouilloires, toute la *dinanderie* miroitante où se reflète, tremblote et flamboie gaîment le rayonnement du foyer.

F. GACHE.

(Extrait de la Philosophie du Peuple. - A. Picard édit.)

Pensée. — Donnez à votre logement une partie de

---

(1) Dissoudre 800 grammes de gélatine dans 5 litres d'eau bouillante, laisser refroidir et verser 2 kilog. de chaux récemment éteinte.

ce que vous donnez à votre toilette : toute la famille en profitera.

EXPLICATION DES MOTS EN ITALIQUE

Aménager : ranger, placer, distribuer avec ordre.

Symétrie : signifie ici arrangement, disposition de choses suivant un ordre régulier.

Terraille : poterie fine, jaune ou grisâtre, fabriquée à Escromes près Pont-St-Esprit (Gard) ; par extension on désigne ainsi toutes les poteries d'un usage courant.

Dinanderie : tous les ustensiles de cuisine en cuivre jaune. Ainsi appelés du nom de la ville de Dinant (Belgique) où se fabriquent les plus beaux.

GRAMMAIRE ET ORTHOGRAPHE

Mots de la même famille que *aménager* (*ménage* et les dérivés, *aménagement, déménager, déménagement, déménageur, emménager, emménagement, etc...*)

Synonymes de *maison* (*habitation, demeure, logis.*)

Les verbes terminés à l'infl. par *oyer* ou *uyer* changent l'*y* en *i* devant un *e* muet (*il flamboie*) ; les autres le conservent (*il paye*).

Donner le nom patois, usité dans le pays, des divers ustensiles ou termes, du texte dicté.

QUESTIONS D'INTELLIGENCE

Pourquoi les ustensiles disposés avec ordre paraissent-ils plus beaux ?

Indiquez les avantages d'une habitation saine et agréable ?

COMPTABILITÉ

TENUE DE LA COMTABILITÉ MÉNAGÈRE

Rappeler la nécessité d'écrire, à la fin de chaque journée, les recettes et les dépenses effectuées, au lieu de s'en rapporter à sa mémoire, trop souvent infidèle. (Voir 13ᵉ réunion).

Afin de ne pas compliquer inutilement la tenue des livres de comptabilité ménagère, nous pensons que, dans la plupart des cas, il suffira de deux livres :

1º Un *carnet de poche* sur lequel on inscrira au crayon au fur et à mesure, toutes les dépenses et recettes de la journée ;

2º Un *livre-journal* — un cahier de classe ordinaire réglé comme il est indiqué plus bas suffira — sur lequel on relèverait tous les dimanches, par exemple, d'un côté, les recettes ; de l'autre, les dépenses avec dates.

L'important sera de s'imposer l'habitude de noter, à heure fixe, chaque jour, recettes et dépenses, aussi minimes soient-elles ; d'en faire un relevé hebdomadaire, le dimanche de préférence, sur le livre-journal.

Voici un modèle pratique, de ce livre-journal, appliqué à un ménage ordinaire d'ouvriers, possédant une maison, quelques terres, et composé du père, de la mère et de quatre enfants.

LIVRE-JOURNÀL

Recettes		MOIS DE NOVEMBRE 1910	Dépenses	
		— 1 —		
61	75	Reçu de M. Combel le montant des 13 journées restantes du 15 au 31 octobre dernier, 4 fr. 75 chacune		
		Payé au boulanger 15 pains de 2 kilos à 0 fr. 70 chacun, pour la 2ᵉ quinzaine d'octobre	10	50
		Acheté 2 kilos 500 de viande savoir : 1 kilo à 1 fr. 20 et 1 kilo 500 à 0 fr. 40	2	55
		Dépensé pour café et sucre.	1	25
		Payé à la modiste sa facture du 30 octobre 1910 . .	8	00
		— 2 —		
7	50	Reçu de Mᵐᵉ Legrand le prix de 5 journées de couture (Marie) à 1 fr. 50		
11	»»	Vendu à M. Forez, épicier, 35 kilos pommes, payées comptant, à 0 fr. 00 le kilo		
		Acheté 3 timbres à 0 fr. 10 et 0 fr. 25 de papier à lettre	0	55
		Placé à la caisse d'épargne les 50 fr. mensuels. .	50	»»
		Acheté un litre d'huile	1	75
		Payé pour 100 kg. charbon.	3	00
		Acheté 5 mètres toile pour tabliers, à 0 fr. 75 le mèt.	3	75
		etc... etc...		

N. B. — Faire régler, d'après ce modèle, plusieurs pages d'un cahier spécial que les jeunes filles pourront ensuite utiliser dans leur famille respective. Ne donner que des prix et des quantités vraisemblables, conformes à la réalité, suivant les milieux où l'on se trouve.

DROIT USUEL.

DUPLICATA D'UN BILLET ÉGARÉ

Il arrive quelquefois que le propriétaire d'un Billet l'égare. Il demande alors à son débiteur de lui faire un second billet pour remplacer le premier ; c'est ce qu'on appelle un *duplicata*.

Supposons qu'il s'agisse du Billet ordinaire, souscrit en faveur de P. Ledrat, par Louise Jourdan, pour l'emprunt de 250 francs (voir 3ᵉ réunion).

MODÈLE DE DUPLICATA D'UN BILLET

Je soussignée, Louise Jourdan, épicière, domiciliée à Bort (Corrèze) reconnais que M. Paul Ledrat, propriétaire, domicilié au même lieu, m'a prêté la somme de deux cent cinquante francs, que je m'engage à lui rembourser en son domicile le quinze octobre mil neuf cent douze, avec intérêts à quatre pour cent, payables chaque année échue.

Le présent billet est souscrit par duplicata audit Paul Ledrat qui m'a dit avoir égaré celui que j'ai souscrit le 15 octobre 1910.

Fait à Bort, le cinq décembre mil neuf cent dix.

L. JOURDAN.

N. B. — Ce duplicata doit être souscrit sur un papier timbré de 0 fr. 15 comme le premier. Dans le cas où le souscripteur et le créancier ne se rappelleraient pas la date du premier billet, il suffirait de remplacer la derphrase par celle-ci :

Le présent billet est souscrit par duplicata audit Paul Ledrat qui m'a dit avoir égaré celui que j'ai souscrit précédemment — ou en octobre 1910 — de pareille somme.

ÉCONOMIE DOMESTIQUE

LE SERVICE DE TABLE

Il ne s'agit pas de donner aux jeunes filles le désir d'un luxe déplacé, mais de leur indiquer simplement quelques règles générales propres à assurer la bonne ordonnance et l'harmonie d'une table, dans les ménages ne disposant que de ressources très restreintes.

La nappe courante peut être remplacée par une toile cirée, blanche de préférence, ou par une nappe en moleskine blanche, dite nappe de famille.

La nappe ou la toile cirée étant bien tendues, disposer les assiettes, indiquant ainsi la place de chaque personne. Il est essentiel que chacun soit assis à l'aise, à la place indiquée.

La fourchette se place à gauche, le couteau et la cuiller à droite, le verre devant l'assiette. Les assiettes creuses sont placées en pile devant la personne qui doit servir.

Les serviettes sont pliées simplement, afin de ne pas déparer la table la plus élégamment dressée, et placées dans chaque assiette.

Il est bon d'avoir des dessous de bouteilles et de carafes ; ils peuvent être en verre, en bois ou en toile festonnée.

Le pain doit être coupé d'avance et les morceaux disposés dans une corbeille spéciale ou dans une assiette. Les bouteilles et les carafes sont placées entre les verres et un peu en avant vers le centre de la table. Ne pas oublier de placer les salières, avec poivre et sel, le pot de moutarde et les huiliers s'ils sont nécessaires, le dessous de plat, etc...

Enlever les assiettes toujours du même côté et les remplacer avant de mettre les plats sur la table.

Quand arrive le moment de servir le dessert, enlever les assiettes, salières, huiliers, etc..., faire tomber toutes les miettes à l'aide d'une brosse spéciale dans une assiette ou dans un petit plateau, donner les assiettes à dessert et servir celui-ci.

Pour qu'un service de table soit bien fait, il faut qu'il s'exécute sans bruit, sans heurts, de façon à passer aussi inaperçu que possible des invités.

Quant à la place que doivent occuper les convives, il est évident que les meilleures places doivent être réservées aux personnes les plus honorables. Les places d'honneur sont la droite, puis la gauche du maître ou de la maîtresse de maison, se faisant ordinairement vis-à-vis, au milieu de la table.

Placer alternativement, autant que possible, un Monsieur et une Dame.

Rappeler que la propreté de la vaisselle, de la table et du linge ne doivent pas être considérés comme un luxe ; —

Que le faste déplacé et les repas pantagruéliques ont toujours été une cause de ruine ; —

Que la meilleure science culinaire doit être assaisonnée de bonne grâce tranquille, de discrète sollicitude et de gaieté de bon aloi.

16ᵐᵉ RÉUNION

LECTURE *(Poésie à dire)*

Le Rouet

Quoi ! Vous vouliez le faire disparaître
Dans quelque sombre et triste corridor.
Ce vieux rouet qu'à travers la fenêtre
Le gai soleil frappe d'un reflet d'or ?
Si vous saviez la douce rêverie
Qui près de lui si souvent m'a bercé !
Si vous saviez à mon âme attendrie
Tout ce que dit ce témoin du passé ?

    C'est le rouet de la grand'mère !
    Il me semble encor le voir,
    Malgré l'âge, active ouvrière,
    Filant du matin jusqu'au soir.

Oui, je la vois, c'est elle, c'est bien elle !
La robe sombre aux larges plis tombants.
Sa coiffe antique et sa tête si belle,
Si belle encor sous ses beaux cheveux blancs !
Ici, près d'elle, une cage est posée,
Là, le vieux chat dort devant les tisons,
Et le soleil, à travers la croisée,
Comme aujourd'hui darde ses chauds rayons.

Quelle fête pour la grand'mère
Quand les oiseaux, dans les beaux jours,
Chantaient leur chanson printanière,
Le vieux rouet tournant toujours !

Je vois l'école au sortir de laquelle,
Avec bonheur grimpant notre escalier,
De loin déjà m'arrivaient pêle-mêle
Ce gai ramage et ce bruit familier.
J'entrais. « Eh bien ! disait la bonne vieille,
A-t-on point ri ? s'est-on point fait chasser ?
Dois-je embrasser, ou bien tirer l'oreille ?
— Non, grand'maman vous pouvez m'embrasser. »

Je le sens encor sur ma joue,
Ce tendre, et long, et doux baiser !
Et bientôt la petite roue
De recommencer à jaser.

Comme elle fuit rapide, obéissante !
Et quel plaisir de voir en même temps
Diminuer l'étoupe éblouissante,
Croître le fil sous les doigts palpitants !
Mais tout à coup le voilà qui s'embrouille...
« C'est lui, c'est lui, c'est ce maudit garçon
Qui veut toujours toucher à la quenouille !
Allez-vous-en, monsieur le polisson ! »

Mais ces grands courroux de grand'mère
Ne tardent pas à s'apaiser :
« Pardon ! » lui disais-je, et la guerre
Amenait un nouveau baiser.

Dès le matin, quand venait le dimanche,
Ce vieux rouet, qu'il faisait bon le voir
Enveloppé de sa chemise blanche,
Près du fauteuil endormi jusqu'au soir !
La grande Bible aux naïves images
S'ouvrait alors, et le temps s'oubliait
A regarder Job, David, les rois mages,
L'enfant Jésus ! — et l'aïeule priait !

Et de l'antique cathédrale,
Tandis que nous lisions parfois

Nous entendions par intervalle
L'orgue élever sa grande voix.

Plus tard, un soir : « Ecoute, me dit-elle,
Tu vois ce fil, enfant : tels sont nos jours ;
Sur sa quenouille une main immortelle,
La main de Dieu, les file longs et courts.
Puissent les tiens, qui commencent à peine,
Dépasser ceux que je dois au Seigneur !
Puisse surtout sa bonté souveraine
A leur durée égaler ton bonheur ! »

Et les deux mains de la grand'mère
Se joignant au bord du rouet,
Oh ! de quelle ardente prière
Elle accompagna ce souhait !

« Les miens s'en vont, ajouta-t-elle encore,
Et ma quenouille est bien près de finir !
Au soir du jour qui, pour toi, vient d'éclore
J'arrive en paix, et je n'ai qu'à bénir !
Quand du rouet de ta pauvre grand'mère
Depuis longtemps, le bruit aura cessé,
Puisse une larme au bord de ta paupière
Monter encore, en songeant au passé ! »

Grand'mère, la voilà, cette heure !
Depuis longtemps il a cessé....
Et regardez ! votre enfant pleure
Auprès du rouet délaissé !

Louis Tournier.

(Extrait des Premiers chants. - Hachette, édit.)

TROISIÈME MOIS

17ᵐᵉ RÉUNION

Nous aimons tous instinctivement le coin du monde où nous sommes nées, mais à mesure que notre intelligence se développe et que nos relations s'étendent, cet amour de la petite patrie, né de l'amour de la famille, s'étend à tous nos concitoyens, puis à toute l'humanité.

Rappeler les innombrables bienfaits que nous recevons de notre Patrie, appelée à remplacer la famille naturelle, si nous avions eu le malheur d'en être privées.

Signaler les principaux éléments de l'idée de Patrie :

1ᵒ Quelques familles unies par les liens du sang se sont développées, ramifiées, et ont formé le noyau de toutes les nations ;

2ᵒ Le sol de la patrie a été fertilisé par le travail des générations et défendu au prix de leur vie : la terre où reposent les restes de nos pères nous est aussi précieuse qu'un patrimoine personnel ;

3ᵒ La communauté de lois, de mœurs, de coutumes, de langue, de caractère, constitue un riche patrimoine qu'on tient à conserver ;

4ᵒ Le même passé historique, fait de victoire ou de revers, de gloires ou d'humiliations, unit tous les cœurs dans un sentiment puissant d'amour inébranlable ;

5ᵒ Par-dessus tout, unissant et dominant tout, la communauté des sentiments, des souvenirs et des volontés, anime toutes les réalités dont il vient d'être question, et forme *l'âme de la patrie*. C'est alors une personne morale collective, dans laquelle se fond chaque personnalité, et la rendant inviolable et immortelle, comme la conscience, l'âme humaine.

Voilà pourquoi *on est de la patrie que l'on aime et dont on veut être*, quels que soient d'ailleurs le pays que l'on habite, la langue que l'on parle, les lois auxquelles on obéit. *(Les Polonais, les Irlandais, les Alsaciens-Lorrains en sont une preuve frappante)*.

Un des motifs les plus nobles et les plus élevés que nous avons d'aimer la Patrie et de lui rester fermement attachées, est le souvenir des souffrances et des luttes communes vaillamment acceptées par nos ancêtres.

DICTÉE

Pourquoi nous devons aimer notre Patrie

Si nos *ancêtres* revenaient, ils ne reconnaîtraient plus leur vieille France, et se demanderaient quels sont ces grands seigneurs qui se promènent partout librement, chassant, pêchant, *allant où bon leur semble*, travaillant à leur idée et rentrant le soir dans une maison propre, bien bâtie.

Ces seigneurs, ce sont d'anciens ouvriers, d'anciens laboureurs qui se sont enrichis en travaillant. Cette tranquillité, cette égalité nous les devons aux pauvres paysans, *écrasés longtemps sous la botte* des anciens nobles, à ce bon peuple français, si patient, si courageux, qui a travaillé pour nous et qui a acheté de ses larmes et de son sang cette liberté qui nous rend si heureux et dont nous sommes fiers.

Voilà pourquoi il faut aimer cette terre de France, car c'est la terre où nos pères ont vécu, où ils ont espéré, lutté, souffert pour nous, et où nos enfants vivront après nous pour conserver notre souvenir.

Paul BERT.

Pensée. — L'amour qu'on a pour soi-même, pour sa famille et pour ses amis se réunit dans l'amour qu'on a pour sa patrie où notre bonheur et celui de nos familles est enfermé.

EXPLICATION DES MOTS EN ITALIQUE

Ancêtres : ceux qui, appartenant à la même nation que nous, nous ont précédé dans la vie.

Aller où bon nous semble : aller où l'on veut (liberté individuelle).

Écraser sous la botte : détruire, supprimer selon son bon plaisir (lettres de cachet)

GRAMMAIRE ET ORTHOGRAPHE

Analyser quelques noms pluriels de la dictée.

Distinguer *si* de *s'y*. On écrit *s'y* quand on peut, sans dénaturer le sens de la phrase, remplacer *s'y* par *se* : *il s'y promène* (il se promène là) ; dans les autres cas on écrit *si*.

QUESTIONS D'INTELLIGENCE

Signalez quelques changements matériels, intellectuels, civiques, que constateraient nos ancêtres s'ils revenaient ?

Indiquez quelques luttes soutenues par nos pères pour conquérir la liberté ?

CALCUL

MESURES DE VOLUME ET DE BOIS DE CHAUFFAGE

Montrer un cube ou une boîte cubique et définir ce solide.

Numération et rapport des mesures de volume. — Multiples et sous-multiples.

Comparer le mètre courant au mètre carré et au mètre cube.

Faire observer que le premier mot du nom des mesures de volume rappelle la longueur du côté ou arête et que le mot *cube* indique la 3e puissance comme le mot *carré* indiquait la 2e.

Dam^3 signifie cube de 1 Dam d'arête dont le volume sera : $10^m \times 10 \times 10 = 1000^{m3}$

Apprendre à distinguer le volume, des surfaces totale ou latérale. (*Exemples variés*)

Faire écrire le principe suivant :

Pour trouver le volume d'un corps dont les faces latérales sont perpendiculaires aux bases, on multiplie la surface de la base par la hauteur.

Application de ce principe à l'évaluation du volume d'un tas de bois mesuré directement.

Pour le bois de chauffage on parle de *stères* ou m^3 , du *double stère* (2^{m3}) et du *demi décastère* (5^{m3}).

Le bois se vend, suivant les régions, au poids ou au volume.

Signaler les anciennes mesures encore usitées dans le pays.

EXERCICE ÉCRIT

On a tapissé d'une étoffe valant 0 fr. 30 le pan l'intérieur d'une caisse qui a 0^m 70 de longueur 0^m 45 de largeur et 0^m 50 de hauteur. Quel est le volume de cette caisse et quel sera le prix de l'étoffe nécessaire, couvercle compris ?

SOLUTION

Volume de la caisse : $0,70 \times 0,45 \times 0,50 = 0^{m3}\ 157^{dm3}\ 1/2$
Surface des côtés $(0,70 + 0,45) \times 2 \times 0^{m}\ 50 = 1^{m2}\ 15$
Surface des deux fonds $(0,70 + 0,45) \times 2 = 0^{m2}\ 63$

Surface totale. . . $\overline{1^{m2}\ 78}$

Prix de l'étoffe nécessaire :

$1^{m2}\ 78 \times (0\ \text{fr.}\ 30 \times 4) = 2\ \text{fr.}\ 15$ par excès.

CALCUL MENTAL

1. — Calculer le volume d'un cube de 3, 5, 8m de côté ?

2. — Calculer leur surface latérale, — leur surface totale avec ou sans couvercle.

3. — A 9 fr. le stère que coûteraient 18 stères de bois ?
— $(18 \times 10) - 18 = 162$ francs.

EXERCICE DE FRANÇAIS

LETTRE D'INVITATION

Conseils. — Une invitation ne peut être favorablement accueillie qu'à la condition d'être faite en toute sincérité et non par pure forme.

Qu'il s'agisse d'inviter des parents ou des amies, à l'occasion d'une fête ou d'une réunion de famille ; qu'il s'agisse de rappeler la promesse déjà faite d'une visite plus ou moins longue, il faut que l'invité comprenne dans le ton pressant et affectueux de votre lettre, le plaisir que vous procurera son acceptation. Inutile donc d'envisager les cas d'empêchement qu'on pourrait invoquer et qui pourraient laisser supposer que vous ne comptez pas de façon ferme sur l'acceptation espérée.

Par exception, nous donnons. comme modèle de ce genre de lettre, celle adressée par Georges Sand à l'une de ses tantes.

SUJET

Une nièce écrit à sa tante pour l'inviter à venir passer quelques jours auprès d'elle, ainsi qu'elle en a fait la promesse.

Plan

I. — Rappeler la promesse faite.

II. — Bonheur et joie procurés par la visite espérée.

III. — Distractions en perspective.

IV. — Insistance affectueuse et formule finale.

SUJET TRAITÉ

Nohant, le 16 avril 1828.

Ma chère tante,

J'ai une grande demande à vous faire, ou plutôt j'ai à vous sommer d'une promesse que je vous ai arrachée au milieu des glaces de l'hiver, et que le printemps et la verdure doivent vous rappeler. Vous m'avez fait espérer de venir passer l'été avec nous et je ne suis pas disposée à vous le laisser oublier, maintenant que le mois des fleurs, la lune des roses ramène à la nature....

Sans plaisanterie, ma chère tante, je vous supplie de vous rappeler l'espoir agréable que vous m'avez donné, et de venir avec nous respirer le bon air et jouir avec nous de la liberté de la campagne.

Vous ne doutez pas, j'espère, de la joie que votre présence apportera dans notre solitude, de tous les soins que nous prendrons de vous et de tous nos efforts pour rendre notre retraite aussi agréable qu'elle en est susceptible.

Nous avons quelques bons amis qui vous feront rire, de bons chevaux de selle pour vous porter sur les monts, dans la plaine, et une voiture de famille pour vous promener tant qu'il vous plaira. Nous ferons force musique, force ouvrage, force babil. Enfin nous passerons le temps de notre mieux.

Hâtez-vous donc, ma bonne petite tante, de vous rendre à mes instances et à mes désirs, mal exprimés, mais vivement sentis, je vous l'assure, et croyez au bien tendre attachement que je vous ai voué pour la vie.

Votre nièce,

AURORE.

AUTRES SUJETS

1. — Ecrivez à votre oncle pour l'inviter à un repas de famille, à l'occasion du retour de votre frère soldat.

2. — Vous invitez une amie d'enfance à la fête de votre village.

ENSEIGNEMENT MÉNAGER

Potage économique remplaçant le pot-au-feu

1° Faire bouillir dans une marmite environ 4 litres d'eau avec un morceau de jambon gras et maigre, et saler un peu ;

2° En attendant l'ébullition, faire roussir dans une casserole en terre, avec une cueillerée de graisse, quelques carottes, un navet ou une rave, un peu de céleri, quelques feuilles de blette, poireaux, oseille ;

3° Quand l'eau de la marmite bout depuis un quart d'heure environ, la verser avec le jambon et les légumes que l'on a fait roussir dans un vase en terre et laisser cuire à petit feu, 1 heure 1/2 à 2 heures ;

4° Verser ce bouillon sur une passoire ou un tamis placé au dessus de la soupière dans laquelle se trouveront les tranches de pain.

N. B. — Comme pour le pot-au-feu on peut employer, au lieu de tranches de pain, du vermicelle, des pâtes, etc., en opérant comme nous l'avons dit plus haut.

18ᵐᵉ RÉUNION

LECTURE

Le deuil de la France (1)

La France s'éveillant ce matin entendit
Une voix pénétrante et claire qui lui dit :
« France réjouis-toi ; tu le peux, cette année,
Le sort est conjuré, l'épreuve est terminée.
Après la guerre, après la honte, après la nuit,
Ta lumière rayonne et ton astre reluit.
Dépouille — il en est temps — la robe douloureuse ;
Assez de deuil ! Soir fière aujourd'hui, sois heureuse.
Car jamais l'étranger, dans sa froide raison,
N'aurait imaginé plus prompte guérison,
Ni prévu, te jugeant débile et résignée,

---

(1) Poésie dite le 25 décembre 1878 à l'arbre de Noël de la société d'Alsace-Lorraine.

Une vigueur pareille, après cette saignée ! (1)
Poursuis ta destinée en pleine liberté.
Ordre, travail, honneur, richesse, dignité,
Tous ces biens qu'on t'avait ravis, tu les retrouves !
Tu as : « Je suis la France encore ! » et tu le prouves ;
Et l'ombre qui voilait ton front fuit loin de toi.
Les peuples étonnés — ceux dont tu fus l'effroi,
Ceux dont tu fus l'appui, ceux dont tu fus l'envie, —
A te voir d'un tel pas retourner à la vie,
Reconnaissant ta sève et ton sang généreux,
Sentent confusément que tu grandis pour eux.
Tu n'as plus à lutter, tu n'as plus à proscrire :
Souris ! Tout l'univers te sait gré de sourire ! »

Et la France à la voix répondit : « Je ne puis ;
Je sais ce que j'ai fait ; je sais ce que je suis ;
Je doutais de moi-même et ployais sous l'outrage :
Oui, je me suis levée et j'ai repris courage ;
Oui, j'ai fait travailler mon corps et mon cerveau,
Aux bords que j'arrosais j'ai repris mon niveau ;

Et provoquant les bras à la lutte féconde (2)
Au banquet de la paix j'ai convié le monde !
Les sillons sont partout rouverts, et nous semons.
L'air libre des sommets dilate mes poumons :
Car la liberté, calme et pure, est une âme ! —
Oui, j'ai vaincu la haine et j'ai forcé l'estime.
Mais pour sourire ici, j'ai trop pleuré là-bas ;
Et quant à dépouiller mon deuil, — n'y comptez pas !

Une part de ma chair dans la tombe est scellée :
L'Alsace ne veut pas que je sois consolée ;
La Lorraine me dit : « Ma mère pense à nous ! »
Oui, j'ai des fils vaillants et forts, graves et doux,
Qui, prodiguant l'amour à ma tendresse avide,
Se serrent au foyer pour y masquer un vide !
Mais il est des regrets que nul baiser n'endort :
O mes amis vivants, je songe à l'enfant mort !
Quelle femme au tombeau de son fils s'accoutume ?

---

(1) Allusion à la perte de l'Alsace-Lorraine.
(2) Il s'agit de l'Exposition de 1878.

Toute mère l'a dit, ce mot plein d'amertume.
Au plus profond du cœur vainement comprimé :
« Celui que j'ai perdu, c'était le plus aimé. »

Eugène MANUEL (1823-1901).

(Extrait des Poésies choisies. - A. Picard, édit.)

19ᵉ RÉUNION

Quels sont les devoirs d'une jeune fille envers la patrie ?

1º Amour éclairé de la patrie ; 2º Conservation et culture des caractères essentiels de l'esprit français ; 3º Respect des lois.

1º On s'imagine à tort que le patriotisme n'est pas une vertu féminine. Pendant la guerre, comme nous le prouverons plus tard, mais surtout pendant la paix, les jeunes filles, comme les jeunes gens, n'oublieront pas qu'il ne suffit pas d'être prêt à mourir pour son pays : il faut aussi vivre pour lui. C'est le patriotisme qui commande de faire le sacrifice de ses intérêts, de son temps, de ses préférences et de ses rancunes; — c'est lui qui doit nous soutenir dans l'accomplissement de notre tâche morale, intellectuelle et professionnelle. Pense-t-on que des jeunes filles honnêtes, instruites, actives, n'augmentent pas le bien-être de la famille et, en même temps, la prospérité de leur Patrie ? Serait-ce aimer sa patrie que d'en être un membre inutile, nuisible ou dangereux ? La bonté, la sympathie agissante qui se manifeste par la collaboration aux œuvres destinées à soulager les misères sociales, ne sont-elles pas un excellent champ d'action pour les qualités natives du sexe faible ?

(Nous réservons pour la 2ᵉ année une causerie sur les erreurs et les exagérations du patriotisme).

2º L'esprit national est la marque la plus frappante de la solidarité qui doit exister entre habitants d'un même pays. Il faut donc conserver et développer les traits principaux de notre esprit français : *la franchise. la loyauté, la générosité, l'amour de la liberté et de la justice.*

Et qui songerait à nier la salutaire influence que peut exercer, à ce sujet, la jeune fille travaillant sur elle-même et autour d'elle-même à la conservation et au développement de notre esprit français ; encourageant ses frères à l'accomplissement consciencieux du devoir militaire, et suppléant de leur mieux à leur absence dans la famille.

DICTÉE

Amour de la Patrie

L'amour de la patrie renferme tout : amour des nôtres, amour du sol que nous sentons nous appar-

tenir, amour des mœurs, des coutumes, de l'indépendance nationale, toutes choses qui font partie de
de nous comme nous faisons partie d'elles. De tous
les sentiments élevés, celui-là est le plus puissant et
celui qui a inspiré les actes les plus *surhumains*.

On a remarqué que les pays pauvres, tristes, déshé-
rités sont peut-être plus fortement aimés de leurs
enfants, comme pour prouver que ce n'est pas par
ses charmes et sa beauté, mais par elle-même, que
la patrie se fait aimer.

Il faut apprendre à tous que chacun se doit à la
Patrie avant de s'appartenir à soi-même. Tous sont
responsables de ce qui lui arrive et tous, suivant
leurs *lumières*, sont tenus de travailler constamment
à sa prospérité. Il faut l'apprendre surtout aux femmes parce que ce sont elles qui donnent à chaque
nation son *tempérament moral*.

Mme BENTZON.

(Extrait des Causeries de Morale. - Hachette, édit.)

Pensée. — Vous devez votre temps, votre fortune,
votre vie, au service de la Patrie !

EXPLICATION DES MOTS EN ITALIQUE

Surhumain : Au dessus de ce que peut faire l'huma-
té, supérieur à tout.

Lumières : signifie ici *intelligence*,connaissances,clarté,
savoir.

Tempérament moral : constitution, habitudes morales.

GRAMMAIRE ET ORTHOGRAPHE

Distinguer, au moyen d'exemples *nôtre* (pr. possessif)
de *notre* (adj. possessif).

Homonymes de : *sont* (*son* (subs) — *son* adj. possessif) ;
— de *ce*. — Les employer dans une phrase.

Conjuguer *appartenir* au passé défini, au futur, au subj.
présent.

QUESTIONS D'INTELLIGENCE

Citez des actes surhumains inspirés par le patriotisme
et accomplis par des femmes ?

Connaissez-vous des pays pauvres fortement aimés de leurs enfants ?

CALCUL

MESURES DE CAPACITÉ

Ce sont celles qui servent à déterminer la capacité ou contenance des vases.

Prouver expérimentalement que le litre est égal au dm³ et indiquer le rapport qui existe entre les principales de ces mesures et celles de volume.

Multiples, sous-multiples du litre et rapport de ces mesures.

Indiquer les quatre séries de mesures effectives de capacité.

1° *Mesures en fer blanc pour le lait et l'huile* (double-litre au cl.) ;

2° *Mesures en étain pour les autres liquides* (double-litre au cl.) ;

3° *Mesures en cuivre ou en tôle pour le commerce en gros* (hl. au 1/2 dl.) ;

4° *Mesures en bois pour les matières sèches* (hl. au 1/2 dl.)

Rappeler que ces mesures doivent être poinçonnées tous les ans, par le vérificateur des poids et mesures, comme d'ailleurs toutes celles reconnues par loi.

Signaler les principales mesures anciennes de capacité : *muid* (7 hl.) : — *pipe* (de 3 à 5 hl) ; *quarte, setier*, etc. dont la valeur est variable.

EXERCICE ÉCRIT

Une épicière achète un barrique d'huile d'olive contenant 1 hl. 20 à raison de 1 fr. 60 le litre. Les frais accessoires s'élèvent à 0 fr. 05 par litre et il y a un déchet de 3 litres net. Que gagnera cette épicière en vendant cette huile 2 fr. le kg. si le litre d'huile pèse 900 grammes ?

SOLUTION

Prix de revient de la barrique :

$$(1 \text{ fr. } 60 \times 120) + (120 \times 0, 05) = 198 \text{ francs.}$$

Poids de l'huile vendue : $0 \text{ k. } 900 \times (120 - 3) = 105 \text{ k. } 300$

Valeur   id.   : $2 \text{ fr. } \times 105, 3 = 210, 6$

Bénéfice réalisé : $210, 6 - 198 = 12 \text{ fr. } 60.$

CALCUL MENTAL

1. — **A** 8 sous le litre, que valent 3 hl. 1/2 de vin ?
$0 \text{ fr. } 4 \times 350 = 140 \text{ francs.}$

2. — Une bouteille de liqueur coûte 4 fr. 75 et contient 50 petits verres vendus au détail 0 fr. 25. Que gagne-t-on ? $(0,25 \times 50) - 4 \text{ fr. } 75 = 7 \text{ fr. } 75.$

3. — Combien faut-il de bouteilles de 75 centilitres pour vider un fût de 2 hl 40 ?
75 cl font les 3/4 d'un litre ; il faudra $\dfrac{240 \times 4}{3} = 320$ bout^{es}

DROIT USUEL

LA PROCURATION SIMPLE

La *procuration* ou *mandat* est l'acte par lequel une personne — *le mandant* — donne à une autre personne — *le mandataire* — le pouvoir de faire quelque chose pour le mandant et en son nom.

Expliquer les avantages de cet acte, soit pour recevoir ou retirer une somme due, soit pour louer ou vendre un immeuble, une marchandise, dans un lieu déterminé où l'on ne peut se rendre soi-même.

La procuration simple ou procuration spéciale donne pouvoir pour une ou plusieurs affaires spécifiées bien déterminées. Elle n'est soumise à aucune règle spéciale de rédaction ; il suffit que l'objet de cet acte soit clairement énoncé, et qu'elle soit rédigée sur une feuille de papier timbré à 0 fr. 60.

EXERCICE

Votre mère, Veuve Longuet, donne mandat à M. Dussaut de vendre un jardin, qu'elle possède à Péronne.

MODÈLE DE LA PROCURATION

Je soussignée, veuve Louise Longuet, née Marqués, domiciliée à Torbie (Somme), donne pouvoir à M. Jean Dussaut, négociant, domicilié à Péronne (Somme), de vendre pour moi et en mon nom, le jardin que je possède audit Péronne, et figurant sur le plan cadastral de cette commune sous le n° 118, section F, à l'angle de la route d'Amiens et de Douai. Je promets en outre, de ratifier à la réquisition de mon mandataire tout ce qu'il aura fait à cet égard.

A Corbie, ce quinze décembre mil neuf cent dix.

Veuve L. LONGUET.

Vu pour légalisation de la signature de Madame veuve L. Longuet apposée ci-dessus :
Corbie, ce 15 décembre 1910.

FRANQUEVILLE, *maire.*

N. B. — Il est nécessaire de faire légaliser la signature par le maire, afin de donner à cet acte un caractère d'authenticié. — Si la vente a lieu et si le vendeur ne participe pas personnellement à la rédaction de l'acte, la procuration doit être annexée au dit acte.

(Nous verrons plus tard dans quels cas spéciaux on ne peut faire de procuration par acte sous seing privé).

———

ÉCONOMIE DOMESTIQUE

LA CHAMBRE A COUCHER DE LA JEUNE FILLE

C'est l'appartement qui intéresse le plus les jeunes filles ; c'est aussi celui qui permet d'apprécier le goût, l'ordre, l'intelligence d'une jeune fille, d'après la disposition et l'entretien des meubles, d'après la décoration qui sera toujours simple, élégante et harmonieuse.

Rappeler ce qui a été dit au sujet des habitations : elles doivent être assez vastes, très aérées et bien éclairées.

Prouver l'inutilité des tentures, des tapis et des rideaux — il ne saurait être question des petits rideaux placés sur les vitres des fenêtres ; — ils raréflent encore l'air et la lumière, se chargent de poussières malsaines et de microbes dangereux. Les rideaux du lit doivent être

supprimés, les tapis et les rideaux réduits au strict nécessaire.

Nécessité de bien aérer en maintenant les fenêtres
ouvertes pendant toute la matinée au moins.

Les meubles, permettant un nettoyage et un entretien
faciles, doivent être préférés : ainsi les lits en fer rem-
placeront autant que possible ceux en bois.

Outre le lit, dont nous parlerons plus longuement
dans une prochaine réunion, la chambre à coucher comprend :

Une armoire, pour le linge de corps et de maison ;
elle se place ordinairement en face de la cheminée ;

Une table, qui servira de secrétaire, sera placée au
milieu de la pièce et de manière à recevoir le jour de
gauche ;

Les chaises, aussi simples que possible, seront placées
le long du mur, dans un ordre symétrique ;

La toilette ou lavabo, occupera l'un des coins de la
chambre à coucher à défaut de cabinet de toilette.

Pour faire l'économie d'un toilette lavabo, fixer au mur à 20 ou 25 centimètres du plancher, une planche ayant 75 centimètres de long sur 20 à 25
de large ; fixer une seconde planche de 80×40 à 50 centimètres plus haut.
Sur cette planche supérieure on tendra une étoffe de cretonne ou de perse
assortie aux rideaux ; une petite tringle en fer ou en cuivre soutiendra, au
bord de cette planche, deux rideaux qui feront corps avec la toilette et ca-
cheront le plancher inférieur. Sur cette seconde planche, on placera la cu-
vette et son pot-à-eau, la savonnette, boîte à brosses, peignes, broc, etc...

La cheminée sera ornée, à défaut de pendule, d'un vase avec quelques fleurs ou un peu de verdure.

Les portraits de famille ont leur place dans la chambre à coucher.

Les malles, linge sale ne doivent pas, autant que possible, se trouver dans la chambre à coucher : leur place est dans un cabinet de débarras ou au grenier.

A défaut de cabinet de débarras, on peut fixer au mur à 1 m. 50 du
sol environ, une planche de 30 centimètres de large sur 1 ou 2 mètres de
long. Sur cette planche, on placera les cartons à chapeaux, boîtes, etc... Sous

cette même planche, on vissera quelques pitons ouverts auxquels on accro-
chera des porte-manteaux pour robes, corsages, etc...,

Un rideau porté par une tringle, comme il a été dit au
sujet de la toilette-lavabo, mettra ces vêtements à l'abri
de la poussière.

*Insister sur la nécessité : 1° de nettoyer soigneusement, tous
les jours, non seulement ce qui ce voit, mais tous les coins
et recoins ; 2° d'opérer la désinfection d'un nouvel appartement avant de s'y installer ou après une maladie conta-
gieuse.*

Le nettoyage quotidien doit être complété par un
nettoyage plus complet qu'on fait, à jour fixe, toutes les
semaines ou tous les mois pour les vitres, glaces, boiseries, marbres des cheminées ; — ou deux fois par an,
au printemps et à l'automne, pour l'intérieur des armoi-
res, meubles, etc...

Cette causerie pourra être complétée par quelques uti-
tiles recettes qu'on trouve indiquées dans tous les ouvrages d'économie domestique.

20ᵐᵉ RÉUNION

LECTURE

L'amour du pays natal

Extrait d'Horace (CORNEILLE)

Le romain Horace a épousé l'Albaine Sabine ; et Camille, sœur d'Horace,
doit épouser Curiace, frère de Sabine. Mais les deux villes, Albe et Rome
étant en guerre, le mariage est retardé : une grande bataille est sur le point
d'être livrée.
Sabine exprime ses craintes à sa confidente Julie.

ACTE I

SCÈNE I

Sabine, Julie

SABINE

Approuvez ma faiblesse, et souffrez ma douleur ;
Elle n'est que trop juste en un si grand malheur :

Si près de voir sur soi fondre de tels orages,
L'ébranlement sied bien aux plus fermes courages ;
Et l'esprit le plus mâle et le moins abattu
Ne saurait sans désordre exercer sa vertu.
Quoique le mien s'étonne à ces rudes alarmes,
Le trouble de mon cœur ne peut rien sur mes larmes,
Et parmi les soupirs qu'il pousse vers les cieux,
Ma constance du moins règne encor sur mes yeux :
Quand on arrête là les déplaisirs d'une âme,
Si l'on fait moins qu'un homme, on fait plus qu'une
[femme,
Commander à ses pleurs en cette extrémité,
C'est montrer pour le sexe assez de fermeté.

JULIE

C'en est peut-être assez pour une âme commune
Qui du moindre péril se fait une infortune ;
Mais de cette faiblesse un grand cœur est honteux ;
Il ose espérer tout dans un succès douteux.
Les deux camps sont rangés au pieds de nos murailles ;
Mais Rome ignore encor comme on perd des batailles.
Loin de trembler pour elle, il lui faut applaudir :
Puisqu'elle va combattre, elle va s'agrandir.
Bannissez, bannissez une frayeur si vaine,
Et conservez des vœux dignes d'une Romaine.

SABINE

Je suis Romaine, hélas ! puisque Horace est Romain ;
J'en ai reçu le titre en recevant sa main ;
Mais ce nœud me tiendrait en esclave enchaînée,
S'il m'empêchait de voir en quels lieux je suis née.
Albe, où j'ai commencé de respirer le jour
Albe, mon cher pays, et mon premier amour ;
Lorsque entre nous et toi je vois la guerre ouverte,
Je crains votre victoire autant que notre perte.
Rome, si tu te plains que c'est là te trahir,
Fais-toi des ennemis que je puisse haïr.
Quand je vois de tes murs leur armée et la nôtre,
Mes trois frères dans l'une et mon mari dans l'autre,
Puis-je former des vœux, et sans impiété
Importuner le ciel pour ta félicité ?

Je sais que mon Etat, encore en sa naissance.
Ne saurait sans la guerre, affermir sa puissance,
Je sais qu'il doit s'accroître, et que tes grands destins
Ne le borneront pas chez les peuples latins :
Que les Dieux t'ont promis l'empire de la terre,
Et que tu n'en peux voir l'effet que par la guerre :
Bien loin de m'opposer à cette noble ardeur
Qui suit l'arrêt des Dieux et court à ta grandeur,
Je voudrais déjà voir tes troupes couronnées,
D'un pas victorieux franchir les Pyrénées.
Va jusqu'en l'Orient pousser tes bataillons ;
Va sur les bords du Rhin planter tes pavillons,
Fais trembler sous tes pas les colonnes d'Hercule ;
Mais respecte une ville à qui tu dois Romule (1).
Ingrate, souviens-toi que du sang de ses rois
Tu tiens ton nom, tes murs, et tes premières lois.
Albe est ton origine : arrête, et considère
Que tu portes le fer dans le sein de ta mère.
Tourne ailleurs les efforts de tes bras triomphants ;
Sa joie éclatera dans l'heur de ses enfants ;
Et se laissant ravir à l'amour maternelle (2),
Ses vœux seront pour toi, si tu n'es plus contre elle.

JULIE

Ce discours me surprend, vu que depuis le temps
Qu'on a contre son peuple armé nos combattants,
Je vous ai vu pour elle autant d'indifférence
Que si d'un sang romain vous aviez pris naissance.
J'admirais la vertu qui réduisait en vous
Vos plus chers intérêts à ceux de votre époux ;
Et je vous consolais au milieu de vos plaintes,
Comme si notre Rome eût fait toutes vos craintes.

P. Corneille. (1606-84).

21me RÉUNION

Le respect des lois de la Patrie s'impose également aux jeunes filles.

Prouver que la société ne pourrait vivre si chacun et chacune étaient libres d'obéir à ses instincts, à ses passions ; de remplir tels ou tels devoirs ; d'obéir ou ne pas obéir à telle ou telle prescription légale.

Dans les pays libres, comme le nôtre, la loi doit être d'autant mieux res-

---

(1) Romulus ou Romule, fondateur légendaire de Rome.

(2) Au 17e siècle, le mot *amour* était indifféremment du masculin ou du féminin.

pectée qu'elle est votée par nos représentants, et qu'elle représente la volonté de la majorité, devant laquelle doit s'incliner la minorité. La critique des lois existantes est ordinairement faite sans réflexion, par intérêt personnel ou de parti-pris. Les jeunes filles, après avoir discerné le vrai mobile de ces critiques, pourront intervenir avec tact et persuasion ; elles s'appliqueront aussi à faire connaître et à défendre le véritable caractère des lois votées ; elles persuaderont ceux auprès desquels elles vivent, qu'en attendant les améliorations légitimes et désirables, nous avons tous intérêt à obéir aux lois, même mauvaises, et à les respecter afin de ne pas discréditer leur autorité.

A ceux qui prétendent que les femmes, n'étant ni électeurs, ni éligibles, n'ont pas à se préoccuper des lois, nous répondrons :

1° Qu'étant soumises, comme les hommes, aux lois civiles, qu'encourant les mêmes peines, elles ont le devoir de s'instruire dans le respect intelligent et la connaissance des lois, leur ignorance les exposant à de réels dangers ;

2° Qu'étant des êtres de conscience elles ne doivent pas subir d'une manière ignorante et passive les lois existantes, mais au contraire se donner le mérite de la soumission volontaire et réfléchie ;

3° Que, par leur influence, elles peuvent, suivant les cas, devenir de précieux auxiliaires de la prospérité nationale ou de sa décadence.

Rappeler l'exemple de Socrate préférant mourir que d'violer une loi injuste et mauvaise.

DICTÉE

Tout le monde doit respecter la loi

La loi, c'est la Patrie elle-même ordonnant à chacun de respecter la vie, les biens, la liberté, la conscience, la croyance de chacun et de tous, au nom de la justice. *Attenter* à la loi, c'est frapper la Patrie au cœur. Frapper la Patrie, en violant la loi, c'est blesser tous ceux que la Patrie couvre de sa protection. Violer la loi, c'est donc un crime. Il faut respecter la loi, *sauvegarde* de la Patrie, par amour pour la Patrie et par respect pour la justice. Aussi un véritable enfant de son pays l'aime jusqu'à obéir à ses lois, même quand elles sont injustes, parce qu'une loi, tant qu'elle est loi, tient au cœur de la Patrie.

CH. LÉVÊQUE.

Pensée. — La loi, dans tout Etat doit être universelle ;
Les mortels quels qu'ils soient sont égaux devant elle.

EXPLICATION DES MOTS EN ITALIQUE

Attenter : porter atteinte d'une manière criminelle.

Sauvegarde : qui garantit, qui protège de tout danger.

GRAMMAIRE ET ORTHOGRAPHE

Signaler et faire conjuguer quelques verbes impersonnels (*falloir*, *pleuvoir*, *etc...*)

Distinguer *quand* (lorsque), de *quant à* (pour ce qui est de) et de *qu'en* (que en ou lorsque en).

QUESTIONS D'INTELLIGENCE

Pourquoi avons-nous intérêt à obéir aux lois ?

Signalez des lois que vous avez entendu critiquer par intérêt ?

COMPTABILITÉ

LA COMPTABILITÉ AGRICOLE

Rappeler ce qui a été dit au sujet de la nécessité d'une comptabilité régulière et méthodique.

Démontrer sa nécessité à la ferme comme à l'atelier, au magasin, à l'usine, car le cultivateur est à la fois artisan, commerçant et industriel.

Que de fermières dépensent sans compter ou sans se rendre compte de la futilité de leurs dépenses ! Combien d'agriculteurs de la petite, de la moyenne et de la grande culture qui ne se rendent pas compte de leurs travaux ! Que d'à peu près ont amené la gêne d'abord, et puis la ruine !

C'est surtout aux jeunes filles qu'incombe le soin de tenir régulièrement et quotidiennement le carnet de poche non seulement des achats et des ventes, des dépenses et des recettes, mais encore de tout ce qui se passe à la ferme. Qu'elles profitent des jours d'hiver pour faire, sous la dictée de leurs parents, le relevé des récoltes, des dépenses de l'année, l'estimation des animaux, céréales, fourrages, matériel, etc... qui constituent l'actif et le passif de la famille, et elles auront ainsi réalisé cette indispensable opération, pour la prospérité de la ferme, qu'on appelle l'*inventaire.*

• (Voir plus loin un modèle de ce travail important).

LIVRE-JOURNAL AGRICOLE

Recettes		MOIS DE DÉCEMBRE 1910	Dépenses	
		— 1 —		
5	40	Vendu 6 douzaines d'œufs à 0 fr. 90 , ...		
		Acheté un porcelet payé comptant à Paul Legu. .	35	»»
150	»»	Reçu 150 fr. de Louis Viau qu'il me restait pour l'achat de 20 brebis.		
		Planté 3 jeunes pommiers dans le jardin		
		Fait la semaille du blé à la pièce dite *Belair* . .		
		Payé à Jean Bon pour journées restantes.	15	»»
		— 2 —		
		Vendu à Jean Roux un porc, payable fin courant (180 kg. à 50 fr. le 1/2 quintal). . , ...		
		Payé un mandat d'arbres reçus d'Angers. . . .	5	80
		Acheté au facteur 4 timbres payés comptant. . .	0	40
3	50	Vendu à Louis Egel 4 doubles châtaignes, payés comptant, à 0 fr. 75.		
		Payé au charron pour réparations.	10	75
43	»»	Réglé notre compte avec Paul Rivet : il m'a resté 43 fr. qu'il m'a donnés.		
		etc... etc...		

N. B. — Comme nous l'avons déjà dit, à propos de la comptabilité ménagère, s'inspirer, pour la rédaction des divers articles précités, des besoins ordinaires du milieu dans lequel on se trouve, des prix du pays, etc...

EXERCICE DE FRANÇAIS

LETTRE DE REMERCIEMENTS

Conseils. — Tout service rendu mérite un remerciement écrit ou verbal, et il serait indigne d'une jeune fille d'oublier ce devoir élémentaire ou de ne pas le rappeler au besoin.

Remerciez donc au plus tôt celui qui vous a obligée, vous ou les vôtres, et si vous ne voulez pas qu'on suspecte la sincérité de votre reconnaissance ne vous confondez pas en remerciements chaleureux, en affirmations de gratitude éternelle, etc.... Les protestations exagérées d'amitié, de dévouement ou de reconnaissance sont le plus souvent au bout de la plume et non au fond du cœur. Selon le caractère du bienfaiteur ou de la bienfaitrice, selon l'importance des services rendus. Soyez respectueuse sans bassesse ni flatterie, ou joyeuse et gaie sans inconvenance ou familiarité déplacée.

SUJET

A la suite d'une catastrophe (*incendie, inondation, etc.*) votre père a demandé et obtenu du propriétaire de votre ferme une réduction sur le prix du fermage.

Votre père vous charge de remercier le bienfaiteur.

Plan

I. — Rappeler en quelques lignes le service rendu.

II. — Dites combien toute la famille y a été sensible.

III. — Comment prouverez-vous votre reconnaissance ?

IV. — Bons souvenirs et formule de respectueuse gratitude.

SUJET TRAITÉ

Monsieur et cher propriétaire,

Nous venons de recevoir la lettre par laquelle vous voulez bien nous accorder une réduction de cent francs sur le prix de notre fermage, et papa me charge de vous en exprimer notre reconnaissance.

Permettez-moi de vous dire combien nous avons été tous sensibles à ce témoignage de votre bonté. Vous nous avez rendu le courage et la tranquillité que nous avions perdus à la suite des ravages causés par cette terrible inondation. Merci de tout cœur !

Veuillez être assuré que nous n'oublierons pas votre bienveillante générosité, et que, par les soins que nous prendrons de votre propriété, par les efforts que nous ferons pour vous satisfaire en toute occasion, nous saurons bien vous prouver que vous n'avez pas obligé des ingrats.

Toute la famille me prie de vous remercier bien vivement et de faire agréer nos respectueuses amitiés à tous les vôtres.

Votre servante reconnaissante et dévouée,

Marie PUECH.

1. — Ecrivez à l'une de vos parentes pour la remercier d'un cadeau qu'elle vous a fait.

2. — Vous écrivez à une amie pour la remercier des bons soins qu'elle a donnés à votre mère pendant une maladie.

ENSEIGNEMENT MÉNAGER

Beignets de pommes

On fait des beignets de pommes, de pêc'es, d'abricots, d'oranges, de pommes de terre et même de pain.

Utilité de savoir faire ces préparations à l'occasion d'une fête ou d'un dîner de famille.

Les beignets de pommes se font ainsi :

1° Pelez et coupez en 4 ou 5 tranches des pommes reinettes de préférence, de grosseur moyenne ; enlevez les pépins et faites mariner un quart d'heure environ dans un plat en terre avec un peu de sucre en poudre et un petit verre d'eau-de-vie, de kirsch ou de rhum ;

2° Préparez ainsi la pâte à frire : mettez dans une terrine 150 gr. de farine tamisée, une pincée de sel, deux cueillerées d'huile ou de beurre fondu et un jaune d'œuf ; — délayez le tout dans un verre d'eau en remuant avec avec une cuiller afin de ne pas faire de grumeaux et d'obtenir une pâte lisse et coulante. Au moment d'employer cette pâte, ajouter deux blancs d'œuf montés en neige.

3° Epongez chaque tranche sur un linge, trempez dans la pâte à frire, et plongez dans une friture chaude (huile ou graisse) ;

4° Retournez chaque tranche pour qu'elle se colore des deux côtés et ne les sortez que lorsqu'elles sont bien croustillantes ;

5° Après cuison (environ 1/4 d'heure), saupoudrez de sucre et servez bien chaud.

22me RÉUNION

LECTURE

Madame Thérèse

Les deux écrivains Alsaciens Erckmann et Chatrian ont écrit, eu collaboration, des contes et des romans qui paraissent surtout destinés aux petits et aux humbles. Leur œuvre, animée d'un souffle patriotique de bon aloi, est consacrée à l'étude des mœurs alsaciennes et à la mise en scène des grands faits de la Révolution française.

Dans l'extrait suivant d'un de leurs romans, *Madame Thérèse*, les auteurs racontent que les armées républicaines, à la poursuite des troupes autrichiennes, en 1793, se sont emparées par surprise d'un petit village des Vosges allemandes et s'y sont installées.

Le jour grisâtre commençait à poindre dehors : on voyait l'ombre de la sentinelle se promener l'arme au bras devant nos fenêtres. Une sorte de silence s'était établi ; bon nombre de Républicains dormaient sans doute, la tête sur le sac, autour des grands feux qu'ils avaient allumés, d'autres dans les maisons. La pendule allait lentement, le feu pétillait toujours dans la cuisine.

Cela durait depuis quelques instants, lorsqu'un grand bruit s'éleva dans la rue, des vitres sautèrent, une porte s'ouvrit avec fracas, et notre voisin Joseph Spick, le cabaretier, se mit à crier :

« Au secours ! au feu ! »

Mais personne ne bougeait dans le village ; chacun était bien content de se sentir tranquille chez soi. Le commandant écoutait.

« Sergent Laflèche ! » dit-il.

Le sergent était allé voir, il ne parut qu'au bout d'un instant.

« Qu'est-ce qui se passe ? lui demanda le commandant.

— C'est un aristocrate de cabaretier qui refuse d'obtempérer aux réquisitions de la citoyenne Thérèse, répondit le sergent d'un air grave.

— Eh bien ! qu'on me l'amène. »

Le sergent sortit.

Deux minutes après, notre allée se remplissait de monde ; la porte se rouvrit, et Joseph Spick, avec sa petite veste, son grand pantalon de toile et son bonnet de laine frisée, parut sur le seuil, entre quatre soldats de la République l'arme au bras, la figure jaune comme du pain d'épice, les chapeaux usés, les coudes troués, de larges pièces aux genoux, et les souliers en loques, recousus avec de la ficelle ; ce qui ne les empêchait pas de se redresser et d'être fiers comme des rois.

Joseph, les mains dans les poches de sa veste, le dos rond, le front plat et les joues pendantes, ne se tenait plus sur ses longues jambes ; il regardait à terre comme un effaré.

Derrière, dans l'ombre, se voyait la tête d'une femme pâle et maigre, qui attira tout de suite mon attention ; elle avait le front haut, le nez droit, le menton allongé et les cheveux d'un noir bleuâtre. Ces cheveux lui descendaient en larges bandeaux sur les joues et se relevaient en tresses derrière les oreilles, de sorte que sa figure, dont on ne voyait que la face sans les côtés, semblait extrêmement longue. Ses yeux étaient grands et noirs. Elle portait un chapeau de feutre à cocarde tricolore, et par dessus le chapeau, un mouchoir rouge lié sous le menton. Comme je n'avais vu jusqu'alors que des femmes blondes ou brunes dans notre pays, celle-ci me produisait un effet d'étonnement et d'admiration extraordinaire, tout jeune que j'étais ; je la regardais ébahi ; l'oncle ne me paraissait pas moins étonné que moi, et quand elle entra, suivie de cinq ou six autres Républicains habillés comme les premiers, durant tout le temps qu'elle fut là, nous ne la quittâmes pas des yeux.

Une fois dans la chambre, nous vîmes qu'elle avait un grand manteau de drap bleu, à triple collet tombant jusqu'au dessous des coudes, un petit tonneau, dont le cordon lui passait en sautoir sur l'épaule ; enfin, autour du cou, une grosse cravate de soie noire à longues franges, quelque butin de la guerre sans doute et qui relevait encore la beauté de sa tête calme et fière.

Le commandant attendait que tout le monde fut entré; regardant surtout Joseph Spick, qui semblait plus mort que vif. Puis s'adressant à la femme, qui venait de relever son chapeau d'un mouvement de tête :

« Eh bien, Thérèse, fit-il, qu'est-ce qui se passe ?

— « Vouss avez, commandant, qu'à la dernière étape je n'avais plus une goutte d'eau-de-vie, dit-elle, d'un ton ferme et net ; mon premier soin, en arrivant, fut de courir par tout le village pour en trouver, en la payant, bien entendu. Mais les gens cachent tout, et depuis une demi-heure seulement, j'ai découvert la branche de sapin à la porte de cet homme. Le caporal Merlot, le fusiller Cincinnatus et le tambour-maître Horacius Coclès me suivaient pour m'aider. Nous entrons, nous demandons du vin, de l'eau-de-vie, n'importe quoi ; mais le kaiserlick n'avait rien, il ne comprenait pas, il faisait le sourd. On se met donc à chercher, à regarder dans tous les coins, et finalement nous trouvons l'entrée de la cave au fond d'un bûcher, dans la cour, derrière un tas de fagots qu'il avait mis devant.

« Nous aurions pu nous fâcher ; au lieu de cela, nous descendons et nous trouvons du vin, du lard, de la choucroûte, de l'eau-de-vie ; nous remplissons nos tonneaux, nous prenons du lard, et puis nous remontons sans esclandre. Mais, en nous voyant revenir chargés, cet homme, qui se tenait tranquillement dans la chambre, se mit à crier comme un aveugle, et au lieu d'accepter mes assignats, il les déchira et me prit par le bras, en me secouant de toutes ses forces. Cincinnatus ayant déposé sa charge sur la table, prit ce grand flandrin au collet et le jeta contre la fenêtre de sa baraque. C'est alors que le sergent Laflèche est arrivé. Voilà tout, commandant. »

Quand cette femme eût parlé de la sorte, elle se retira derrière les autres, et tout aussitôt un petit homme sec, maigre et brusque, dont le chapeau penchait sur l'oreille, et qui tenait sous son bras une longue canne à pomme de cuivre en forme d'oignon, s'avança.

ERCKMANN — CHATRIAN.
(1822-79)　　　(1826-90)

23ᵐᵉ RÉUNION

L'hygiène du vêtement est particulièrement importante pour les jeunes filles.

Le vêtement féminin ne doit pas être considéré comme une simple parure, mais l'esthétique peut parfaitement ne pas exclure l'hygiène.

Pour satisfaire aux règles de l'hygiène le vêtement doit :

1° *Répondre aux exigences de chaque climat et de chaque saison ;*

2° *Ne pas entraver les fonctions de la peau ;*

3° *Être assez ample pour ne contrarier en rien le libre jeu des organes.*

Examiner quelques règles spéciales aux divers vêtements :

1° *Chaussures.* — Elles ne doivent pas enserrer le pied, mais bien lui laisser une certaine liberté de mouvement ; les talons étroits et trop élevés seront proscrits.

Les bas de laine sont préférables à ceux de fil de coton ou de soie et l'usage des jarretelles doit remplacer les jarretières qui entravent la circulation et favorisent la production des varices.

2° *Vêtements de dessous.* — Chemises, pantalons, caleçons doivent être de préférence en coton, ou en laine pour les personnes délicates.

Le corset doit être un agent de soutien pour la poitrine, de bonne tenue pour le corps, de support pour les jupes et les jupons. Il ne doit jamais gêner le fonctionnement des organes, n'exercer ni compression, ni constriction ; il sera fait de tissus à larges mailles et non à tissus résistants peu perméables à l'air et gênant la transpiration cutanée.

3° *Robes.* — Les robes courtes doivent être préférées aux robes traînantes.

4° *Chapeaux.* — Ils ne seront ni trop lourds, ni trop encombrants ; perméables à l'air, de couleur foncée en hiver, claire en été.

Insister sur l'importance de leur nettoyage assez fréquent et sur la nécessité de leur désinfection pour les vêtements de malades et de ceux qui les entourent.

Les vêtements de jour doivent faire place, pendant la nuit, à une longue et ample chemise de nuit seulement.

Le lit ne sera ni trop mou, ni trop dur et l'on aérera tous les jours les garnitures de lit. Les tentures et rideaux de lit sont inutiles. Les alcoves, les lits clos, encore en usage dans certaines régions sont fort avantageusement remplacés par des lits en fer, faciles à laver et à changer de place.

DICTÉE

Pour avoir toujours du linge

Nous ne sommes pas riches, mais je tiens au linge : non pas que j'en veuille plein mon armoire, ce serait de l'argent qui ne produirait aucun revenu ;

mais je ne voudrais pas en manquer un jour. Quand je me suis\ mariée, j'avais quelques économies ; je les ai employées à l'achat d'un trousseau simple mais *confortable*. Ce trousseau qui représente le travail de ma jeunesse, je ne veux pas qu'il diminue à mesure que passent les années, et, tous les ans, je fais une petite réserve pour remplacer ce qui sera bientôt hors de service et mis de côté en cas de maladie. Ainsi mon armoire renferme toujours la même quantité de linge.

Si j'ai dû changer les *lisières* de deux paires de draps, je fais des économies pour remplacer ce linge, au moment *opportun*, car il est plus facile de trouver dans une petite bourse dix ou vingt francs. pour l'achat de quelques mètres de toile, que la somme que coûterait une douzaine de draps.

Mme MILLET-ROBINET.

(Extrait de la Maison rustique des dames. — Librairie agricole.

Pensée : C'est le bon ordre et non certaines épargnes sordides, qui fait le profit.

EXPLICATION DES MOTS EN ITALIQUE

Confortable : utile, agréable, convenable.

Lisière : les bords d'une pièce d'étoffe, de toile, etc...

Opportun : qui se fait à propos, selon le lieu et le temps convenable.

GRAMMAIRE ET ORTHOGRAPHE

Distinguer au moyen d'exemples *hors* de *or*, (subs.) et de *or* (conj.)

Vingt ou *cent* précédés d'un nom de nombre qui les multiplie et suivis d'un nom exprimé ou sous entendu, prennent la marque du pluriel. (*exemples*)

QUESTIONS D'INTELLIGENCE

Comment ce trousseau représente-t-il le travail de la jeunesse de cette personne ?

Pourquoi vaut-il mieux remplacer le linge hors d'usage au fur et à mesure ?

COMPTABILITÉ AGRICOLE (*suite et fin*)

LIVRE DES INVENTAIRES

L'*inventaire* — Qu'on doit faire tous les ans dans les derniers jours de l'année — est le relevé de ce que possède le propriétaire, fermier ou cultivateur d'une part, — et, d'autre part, le relevé de tout ce qu'il doit.

(*L'estimation des biens possédés doit être faite aussi exactement que possible, et toujours sans exagération*).

Mobilier, immeubles, bestiaux, récoltes en magasin, argent en caisse, constituent ce qu'on appelle l'*actif* ; — dettes, comptes à payer, emprunts, etc... constituent le *passif*.

Le bilan de l'inventaire s'obtient en retranchant ces deux sommes.

Faire observer, après avoir insisté sur la nécessité d'une comptabilité, la simplicité de celle que nous proposons.

MODÈLE D'INVENTAIRE fait au 31 Décembre 1910

ACTIF

Maison d'habitation et grange	1200	»
Mobilier. { Linge et vêtements.	300	»
Mobilier. { Meubles	400	»
Matériel agricole. { 1 charrue et 1 herse. . .	70	»
Matériel agricole. { 1 charrette et 1 tombereau.	200	»
Matériel agricole. { Instruments divers . . .	50	»
Grains et fruits en magasin.	350	»
Fumier et bois de chauffage à vendre , . . .	120	»
Bétail. . { 1 mulet et 2 vaches	700	»
Bétail. . { 2 porcs et volailles.	280	»
Argent en caisse	450	»
Billets pour prêts d'argent.	600	»
Actif total au 31 décembre 1910	4780	»

PASSIF

Comptes à payer. { Au charron	180	50
Comptes à payer. { A ma sœur pour dettes. .	250	»
Comptes à payer. { A divers fournisseurs . .	130	»
2ᵉ échéance de mon assurance sur la vie . . .	150	»
Dernier paiement de la terre achetée à Durand	275	»
Passif total au 31 décembre 1910	985	50

Bilan. { Actif . . . 4.780 »»
Bilan. { Passif , . 985 50

Balance . . . 3.794 50

DROIT USUEL.

CONTRAT D'APPRENTISSAGE

Le *contrat d'apprentissage* est l'acte par lequel un ouvrier ou une ouvrière, un patron ou une patronne s'engagent à enseigner la pratique de leur profession à une autre personne qui s'oblige, en retour, à travailler pour lui ou pour elle à des conditions et pendant un temps convenu.

Un contrat d'apprentissage doit contenir :

1° Les nom, prénoms, âge, profession et domicile du maître ou de la maîtresse ;

2° Les nom, prénoms, âge et domicile de l'apprenti ;

3° Les nom, prénoms, profession et domicile de ses père et mère ou du tuteur, ou de la personne autorisée par les parents, et, à défaut, par le juge de paix ;

4° La date et la durée du contrat ;

5° Les conditions de logement, de nourriture, de prix et toutes autres arrêtées entre les parties.

Enfin le contrat d'apprentissage doit être écrit sur papier timbré à o fr. 60 ou à 1 fr. 20, suivant la longueur de l'acte ; et il doit être signé par le maître ou par la maîtresse, et par les représentants de l'apprentie.

Nul ne peut recevoir des apprentis mineurs s'il n'est âgé de 21 ans au moins.

EXERCICE

Vous devez entrer en apprentissage chez Mademoiselle Raymond, modiste.

Rédigez le contrat d'apprentissage que devront signer votre père et votre patronne.

MODÈLE DE CONTRAT D'APPRENTISSAGE

Les soussignés Marthe Raymond, âgée de trente ans, modiste, domiciliée à Millau, rue Droite, n° 12, d'une part ;

Et le sieur Jean Plégat, cultivateur, domicilié dans la même ville, rue de l'Hospice, n° 5, d'autre part ;

Conviennent ce qui suit :

Le sieur Jean Plégat met, à partir de ce jour, sa fille, Louise Plégat, actuellement sans profession, âgée de seize ans, domiciliée dans cette ville avec ses père et mère, en apprentissage pour deux années consécutives, à partir du premier janvier prochain, chez mademoiselle Marthe Raymond. Celle-ci s'engage à loger et nourrir, pendant les deux années d'apprentissage, ladite Louise Plégat et à lui apprendre la profession de modiste ;

De son côté, le sieur Jean Plégat s'engage à payer à Mademoiselle Marthe Raymond la somme de trois cent cinquante francs, en deux paiements égaux, de cent soixante-quinze francs chacun, au premier janvier mil neuf cent onze, et au premier janvier mil neuf cent douze.

Louise Plégat sera rendue à sa famille tous les samedis et la veille des jours fériés, après les heures réglementaires de travail et avant le repas terminant la journée ; elle devra être rendue à l'atelier tous les lundis et le lendemain des jours fériés, à huit heures du matin. Elle ne pourra faire d'autre absence qu'après en avoir obtenu l'autorisation expresse de la patronne.

Si le présent contrat est résilié par la faute de Mademoiselle Marthe Raymond, celle-ci remboursera au sieur Jean Plégat les sommes déjà reçues et lui paiera, en outre, une indemnité de quatre-vingts francs ; si le défaut d'exécution vient de Louise Plégat ou de sa famille, celle-ci paiera à la dite demoiselle Marthe Raymond une indemnité de quatre-vingts francs et n'aura aucun droit au remboursement des sommes déjà payées ou seulement échues.

Fait double à Millau, le quinze décembre mil neuf cent dix.

Lu et approuvé	*Lu et approuvé*
Jean PLÉGAT.	Marthe RAYMOND.

N. B. — Le contrat d'apprentissage n'est pas soumis à l'enregistrement dans un délai déterminé ; cependant on le fait enregistrer ordinairement dans les 3 mois (1 fr. 88 de droit).

Les contestations relatives à l'exécution de ces contrats sont jugées par le conseil des prud'hommes et, à défaut, par le juge de paix.

ECONOMIE DOMESTIQUE

LA LITERIE

Si nous avons réservé une causerie spéciale pour cette question, c'est parce qu'elle nous a paru de très grande importance dans nos campagnes, de grands progrès restant à réaliser sur ce point.

Choix de la literie. — Rappeler que les lits en fer sont bien préférables aux lits en bois, l'air circulant plus librement autour et les soins de propreté étant plus faciles.

Pour la même raison, il vaut mieux, quand on le peut, placer le lit au milieu des appartements, la tête seule étant appuyée au mur.

Les alcoves, les lits fermés, bretons ou auvergnats doivent être proscrits.

Le meilleur lit doit comprendre : un sommier élastique et métallique et un ou deux matelas en crin ou en laine.

Les paillasses encore très répandues ont l'inconvénient, sans parler de leur incommodité, d'absorber les miasmes, les mauvaises odeurs, de servir de refuge aux microbes, aux insectes, surtout aux puces et aux punaises.

Si l'on est obligé de s'en servir, préférer les feuilles de maïs à celles de paille. Tous les ans, renouveler la paille ou laver les feuilles, les faire sécher, et laver la toile dans les deux cas.

Les matelas de plumes sont trop chauds, trop mous et trop malaisés à entretenir ; le matelas le plus hygiénique se compose de 1/5 de son poids en crin, placé entre les deux couches de laine.

Les traversins et oreillers sont en plumes d'oie ou de canard renfermées dans un tissu spécial, dit d'Evreux, à lisière rose, ne laissant pas passer le duvet ; mais les oreillers de crin sont préférables.

Les couvertures matelassées et piquées peuvent être garnies de bourre faite de vieux chiffons ou de laine avariée. A moins qu'on les ait faites soi-même, on doit leur préférer les couvertures en laine ou en coton, d'une seule pièce.

Les draps en toile sont plus agréables mais moins hygiéniques que les draps en coton, la toile n'absorbant pas aussi bien la transpiration que le coton ; le mieux serait donc de mettre le drap de dessus en toile et celui de dessous en coton ou en cretonne.

L'édredon classique est avantageusement remplacé par un couvre-pied que l'on pique soi-même.

Entretien. — Au moins une fois par an, si ce n'est deux, et au printemps, mettre aux montants du lit, dans les coins, de la poudre de pyrèthre, ou à l'aide d'un pinceau, y passer de la nicotine.

La laine des matelas sera battue tous les ans, et le crin étiré.

Pour nettoyer les couvertures de laine, on fait tremper dans de l'eau tiède savonneuse avec un peu de carbonate de soude. On les brosse, on les rince à l'eau claire, on les presse sans les tordre et on les étend.

Pour faire le lit, il faut ouvrir les fenêtres toutes grandes, et secouer les draps et les couvertures au grand air, afin de les aérer et de les débarrasser des produits toxiques qui ont pu se former pendant la nuit.

Le vase de nuit sera vidé et lavé à l'eau tous les matins.

Pour se débarrasser des puces, ces cruels parasites, il suffit d'éffeuiller dans les draps des pétales de roses. Le moyen est excellent en même temps que poétique.

24ᵐᵉ RÉUNION

LECTURE

Les grand'mères

(Poésie à dire)

Au bois, dans les routes tranquilles,
Avant l'heure où, par de longues files,

Viennent les mondains triomphants,
Les bonnes grand'mères seulettes
S'en vont, minces ou rondelettes,
Promener leurs petits-enfants.

La nourrice ou la gouvernante
Les suit d'une marche traînante,
Les bras ballants, le nez au vent,
Tandis que, proprets et bien sages,
En rang, comme des jeunes pages,
Les petits trottent par devant.

Bientôt on avise une allée
Pas trop à l'ombre, bien sablée ;
On s'arrête, et l'on va chercher
Dans le coupé qui stationne
Les larges pliants en cretonne
Sous les jambes du vieux cocher.

Et là, sans penser à grand'chose,
On s'installe, on respire, on cause,
— Menus objets cent fois traités ! —
Les nourrices sont écarlates....
Les bonnes mamans sont béates....
Et les petits font des pâtés.

O bonnes grand'mères chéries,
Parmi ces verdures fleuries
Dont s'ombragent vos blancs cheveux,
Goûtez-les ces heures suaves,
Et soyez doucement esclaves
D'un blond tyran qui dit : « Je veux ! »

D'un regard qui vit tant de choses
Caressez-les, ces bébés roses !
Contemplez bien leurs traits aimés.
Pour qu'un jour, quand en viendra l'heure,
Fidèle, l'image demeure
En vos yeux, à jamais fermés !

Oui, soyez faibles, soyez lâches.
Méprisez les maussades tâches
Et les principes rigoureux....
Ne songez, — faciles problèmes ! —

Qu'à vous rendre heureuses vous-mêmes
En rendant les autres heureux !

Jadis, jeunes femmes fêtées,
Folles, rieuses, emportées
Dans le tourbillon élégant,
Que de fois êtes-vous venues
Suivre ces mêmes avenues
En quelque équipage fringant !

On vous admirait au passage,
Et peut-être sous le corsage,
Votre cœur a-t-il palpité
Quand un ami discret et tendre
Qu'on attendait.... sans trop l'attendre,
Arrivait de votre côté.

Ils sont passés ces temps de joie !
Mais qu'importe ? Dieu vous envoie,
Pour éclairer vos derniers jours,
D'autres bonheurs, d'autres tendresses...
Et les enfantines caresses
Valent bien les vieilles amours.

Pressant de vos lèvres fanées
Ces fronts si purs, où les années
N'ont mis trace d'aucun émoi,
Vous comblez ce désir suprême
D'aimer toujours d'aimer quand même,
Que toute femme porte en soi !

Aussi, par les routes tranquilles,
Avant l'heure où, par longues files,
Viennent les mondains triomphants,
O bonnes grand'mères seulettes,
Allez, minces ou rondelettes,
Promener vos petit enfants !

Jacques NORMAND.
Extrait des *Annales politiques et littéraires* (1894)

QUATRIÈME MOIS

25me RÉUNION

Parce que les femmes n'exercent pas les droits civiques, qu'elles ne sont ni électeurs, ni éligibles. certains prétendent qu'elles doivent rester étrangères à la vie politique du pays. Quelle absurdité ! Sans parler aujourd'hui de l'influence des femmes comme épouses et mères, les jeunes filles, comme les jeunes gens, ne sont-elles pas intéressées à avoir de bons représentants, des lois justes, un gouvernement soucieux de la prospérité et de la grandeur du pays ?

Est-ce qu'on refuse le droit de s'intéresser aux affaires de leur pays à ceux qui sont encore mineurs, à ceux qui sont retenus à l'étranger (*commerçants ambassadeurs, etc.*) ? Est-ce qu'avant la proclamation du suffrage universel, en 1848, il était interdit aux Français non électeurs de prendre intérê taux affaires publiques ?

Les jeunes filles ont le devoir de s'intéresser à tout ce qui intéresse la nation elle-même.

Par les connaissances d'instruction civique, d'histoire et de géographie, acquises à l'école ; par lecture des journaux, et aussi par l'attention et la réflexion sur les évènements de chaque jour, elles doivent pouvoir donner leur avis sur la direction des affaires ; elles ont le droit d'avoir leur opinion sur le gouvernement et le devoir d'éclairer ce jugement, non seulement en elles-mêmes, mais aussi chez ceux qui vivent autour d'elles ou sur lesquels elles peuvent exercer une s lutaire influence.

Encore faut-il qu'elles n'interviennent, dans ces questions, qu'avec tact et discrétion, sans jamais se départir de la douceur et de la persuasion. Elles se prépareront ainsi à exercer, peut-être bientôt, leur droit de vote, et rendront, en attendant, les meilleurs services à la République.

DICTÉE

La jeune fille moderne

Dès que les portes des écoles se sont entr'ouvertes devant elle, la jeune fille les a franchies avec empressement. Elle a étudié moins pour savoir que pour comprendre le monde dans lequel elle vit, en vue surtout d'assouplir ses facultés, d'aider à leur développement, par suite d'exercer dans la famille et dans la société une action plus éclairée ; souvent aussi elle a étudié pour acquérir un *gagne-pain*.

Mais, quel que soit le motif qui la guide, elle ne se contente plus du *demi-jour intellectuel* dans lequel on l'a si longtemps maintenue. elle aspire au plein jour de la raison.

Qui ne voit l'heureuse influence morale de cette discipline intellectuelle ? Habituée à réfléchir, à donner son avis personnel, motivé, sur les faits, les hommes, la jeune fille s'accoutume à s'interroger, à suspendre son jugement, à se diriger non d'après une *impulsion* irraisonnée, mais selon une idée, un principe, une règle. Elle juge à leur valeur les soi-disant obligations mondaines ; elle les accepte sans s'y asservir. Elle sait se réserver du temps pour les travaux, les exercices, les promenades, les lectures qui lui plaisent.

Elle s'intéresse à la vie politique et sociale. Comment en serait-il autrement puisqu'elle a étudié l'histoire et que ce qui se passe sous ses yeux n'en est que le prolongement ?

Mme A. EIDENSCHENK.

(Extrait de Petits et Grands Secrets de Bonheur. Delagrave édit.)

Pensée. — Le grand bienfait dont les jeunes filles sont redevables à la République, c'est l'émancipation de l'âme féminine par l'instruction.

EXPLICATION DES MOTS EN ITALIQUE

Gagne-pain : travail, métier, outil qui fait vivre.

Demi-jour intellectuel : connaissances très superficielles, sans fondement.

Impulsion : mouvement communiqué à un corps par un autre. Agir d'après les ordres, les indications d'autrui.

GRAMMAIRE ET ORTHOGRAPHE

A propos de *gagne-pain* citer quelques noms composés et les mettre au pluriel, en faisant remarquer que les noms et les adjectifs seuls peuvent varier, le bon sens indiquant suffisamment le nombre.

Le mot *demi* placé avant le nom est invariable ; —

placé après le nom, il s'accorde avec celui-ci en genre seulement (exemples).

QUESTIONS D'INTELLIGENCE

Nommez les trois facultés et définissez leur rôle ?

Signalez des obligations mondaines et appréciez leur utilité ou leur inutilité ?

CALCUL

LES MESURES DE POIDS ET LES BALANCES

Définir le gramme : unité des mesures de poids, et poids de 1cm³ d'eau pure.

La numération de ces mesures est la même que celle des mesures de longueur et de capacité. Etablir les principes communs de numération à ces trois catégories de mesures : le décagramme (dag) vaut 10 grammes (g) comme le dal vaut 10 l. et le dam vaut 10 m.

Multiples et sous-multiples du g. ; chacun d'eux a son double et sa moitié.

Deux mesures fictives : le *quintal* (100 kg) et la *tonne* (1000 kg).

Le demi-quintal (50 kg) appelé dans certaines régions *quintal petit poids* est encore d'un usage courant.

Nommez les principaux systèmes de balances d'un usage courant (*balance à colonnes, de Roberval, romaine, bascule*) ; en expliquer le principe.

Faire quelques doubles pesées et en faire faire aux jeunes filles.

Mesures effectives de poids et nécessité du poinçonnage annuel.

EXERCICE ÉCRIT

Une épicière achète deux fûts d'huile d'olive contenant l'un 1 hl. 05 et l'autre 175 l. à 160 fr. les 100 kilos. Les frais de transport se sont élevés à 4 fr. 75 et il y a lieu de compter sur un déchet de 2 l. par hl. d'huile Le litre pèse 900 g. Combien l'épicière doit-elle revendre la livre d'huile pour gagner 0 fr. 60 par kg. ?

SOLUTION

Poids total de l'huile : $0,900 \times (105 + 175) = 252$ kg.
Prix d'achat de l'huile : 1 fr. $60 \times 252 + 4$ fr. $75 = 407$ fr. 95
Déchet total : $2^l \times 2,8 = 5^l,6$ ou, en poids :

$$0,9 \times 5,6 = 5 \text{ kg. } 04$$

Nombre de kg. revendus : $252 - 5,04 = 246$ kg, 06
Gain à réaliser : 0 fr. $60 \times 252 = 151$ fr. 20
Prix de vente de la livre : $\dfrac{407,95 + 151,20}{246,06 \times 2} = 1$ fr. 15 par excès

CALCUL MENTAL

1. — A 8 sous la livre, que vaut un pain de sucre de 7 kg. 1/2 ? 6 fr.

2. — Un porc pesant 197 kg. a été vendu 48 fr. le quintal petit poids. Quel est son prix ?

le kg. revient à $\dfrac{48 \times 2}{100} = 0$ fr. 96 ; 200 kg. auraient coûté $96 \times 2 = 192$ fr. ; en retranchant le prix de 3 kg. (soit 2 fr. 90), le porc revient à 189 fr. 10.

EXERCICE DE FRANÇAIS

DEMANDE D'EMPLOI

Conseils. — Ce qu'il faut éviter dans ces sortes de lettres, c'est le verbiage, un éloge déplacé de sa personne et des supplications réitérées pour obtenir satisfaction. On a vu plus d'une fois une patronne refuser d'employer une ouvrière parce que sa demande écrite ou verbale respirait le bavardage ou la présomption. Soyez toujours simple, modeste et digne dans une demande d'emploi. Si vous devez une certaine gratitude à la patronne qui accepte vos services, n'oubliez pas que vous avez aussi le désir de lui être utile et, qu'en fin de compte, ce n'est pas une aumône que vous sollicitez.

SUJET

Une jeune fille écrit à une dame pour lui proposer d'entrer à son service comme domestique.

Plan

I. — But de votre lettre.

II. — Renseignements individuels (nom, âge, rési-
dence, etc...)

III. — Certificats ou références que vous pouvez donner.

IV. — Désir de bien faire et formule respectueuse.

SUJET TRAITÉ

Madame,

J'apprends que vous avez besoin d'une domestique, et,
sur le conseil de Mme V...., je viens vous prier de vouloir bien me prendre à votre service.

Je me nomme Elise Calcas et je suis âgée de dix-sept
ans. Je n'ai jamais quitté le village natal. Après avoir
fréquenté l'école publique et obtenu mon certificat d'études primaires, je suis entrée au service de Mme V.... qui
habite tout près de la maison de mes parents. Je ne son-
gerais pas à quitter ma bonne patronne si, à la suite du
décès de M. V... et de la cessation de son commerce, Mme
V.... n'avait décidé de supprimer mon emploi dans sa
maison.

J'ai l'honneur de joindre à ma lettre le certificat qu'elle
a bien voulu me délivrer. Si vous désirez de plus amples
renseignements sur mon compte et sur celui de ma
famille, vous pourriez en demander à M. le Maire de
notre commune, à Mme l'Institutrice et à M. P... négociant.

Jusqu'ici je n'ai eu à m'occuper que des soins de propreté des appartements, du lavage et du repassage du
linge. En fait de cuisine, je sais préparer les mets cou-
rants.

Si Madame F.... veut bien faire bon accueil à ma demande, je puis l'assurer que je ferai tous mes efforts
pour mériter sa confiance.

Dans cette attente, veuillez agréer, Madame F.... mes
respectueuses salutations.

(*Signature et adresse très lisibles*)

AUTRE SUJET

Vous venez de terminer votre apprentissage de couturière. Demandez un emploi à la maison R....

———— ————

ENSEIGNEMENT MÉNAGER

Soupe aux œufs

La soupe aux œufs a l'avantage d'être vite préparée et de constituer un aliment léger et nourrissant à la fois.

1° Faire bouillir dans une casserolle en fer battu environ 3 litres d'eau, à laquelle on a ajouté 2 gousses d'ail piquées de clous de girofle, et saler.

2° En attendant que l'eau soit en ébullition, couper 2 ou 3 œufs, et séparer dans deux assiettes distinctes le blanc du jaune ;

3° Agiter, à l'aide d'une cuiller, le blanc et le verser dans l'eau quand elle bout ;

4° Faire monter un peu les jaunes, et arroser les tranches de pain avec de l'huile ;

5° Verser le contenu de la casserolle, sauf un demi-litre d'eau environ, dans la soupière où se trouvent les tranches de pain ;

6° Ajouter petit à petit, l'eau restante et à moitié chaude aux jaunes d'œufs, en remuant toujours dans le même sens, afin que ces jaunes soient bien délayés ;

7° Verser le tout dans la soupière, le mélanger à l'aide d'une cueillère et laisser tremper un moment.

26ᵉ RÉUNION

LECTURE

Angèle visite son amie

La petite Angèle, orpheline de père, a été confiée par sa mère, partie pour un long voyage, à Mᵐᵉ Lagarde, grand'mère de l'enfant. Entre sa grand'mère et sa bonne, Mélanie, l'enfant est devenue triste et malade. Elle a fait la connaissance d'une fillette plus âgée qu'elle Marianne Benoît, orpheline de mère, et qui tient, à elle seule, la maison de son père. Les deux enfants se sont pris d'une profonde et sincère amitié.

A la Saint-Michel, les travaux des champs sont finis, et les gens de la campagne se donnent alors le loisir de quelques petites fêtes. Chez le fermier Béru, on fit la veillée le premier samedi d'octobre, c'est-à-dire qu'on se réunit pour boire et manger diverses victuailles qui ne trouveraient place dans aucun menu bourgeois de cérémonie.

Benoit et sa fille avaient été invités parmi d'autres personnages marquants ; Marianne fut gaie et mangea de bon appétit. Mais son père fut bien étonné, le repas fini, de la voir s'approcher de Madame Béru, la tirer par la manche et lui parler à l'oreille. Bien plus étonné encore, lorsqu'il vit la fermière prendre délicatement du bout des doigts un petit morceau de boudin blanc resté dans le plat, l'envelopper dans un double papier, et le remettre à Marianne qui le fourra dextrement dans sa poche.

— Qu'est ce que cela veut dire ? fit le père d'un ton sévère lorsque sa fille revint près de lui ; je ne t'ai pas élevée pour être gourmande ni pour commettre des indiscrétions.

— Mon père, dit Marianne, avec un regard suppliant, c'est pour Angèle ; elle en avait tant envie, que je lui ai promis de lui rapporter quelque chose de la veillée.

— Singulière fantaisie qu'un morceau de boudin, fit le père Benoit un peu radouci ; cette petite te tourne la tête ; ma parole, je crois que tu l'aimes mieux que moi !

— Oh ! non, père, dit Marianne en prenant dans ses deux petites mains la grosse patte de Benoit, qu'elle différence ! vous êtes mon père, et elle, c'est ma petite fille.

D'autres que Benoit avaient entendu, et l'on se mit à rire. On avait déjà plaisanté dans le bourg sur l'adoption singulière faite, par cette fillette de douze ans, d'une enfant de cinq ans à peine. Après cette soirée, ce nom de « de la petite fille de Marianne » fut souvent donné à Angèle.

Le père Benoit se montrait très fier ; parce que depuis deux ans ses rhumatismes avaient oublié de le visiter ; il croyait son affaire réglée avec eux ; peu de jours avant la Toussaint, il eut la preuve que, pour être négligé, il n'était pas oublié.

Marianne le crut beaucoup plus malade qu'il n'était et le supplia de faire venir le médecin ; mais, outre qu'il avait pour la médecine et les médecins l'horreur instinctive des gens à demi civilisés, le père Benoît était économe et n'aimait pas à dépenser inutilement son argent.

— De la bonne flanelle bien chaude autour des genoux, dit-il, voilà tout ce qu'il me faut, et à toi toute seule, tu suffiras bien pour me la faire chauffer.

Marianne se trouva donc constituée infirmière ; ce surcroît de besogne, ajouté à ses fonctions de ménagère, ne lui laissa plus un moment de liberté.

Deux jours s'étaient écoulés sans que Marianne trouvât une minute pour sortir ; plus exigeant que jamais, son père ne voulait plus la perdre de vue. Un soir, cinq heures venaient de sonner au timbre fêlé de l'église ; tout àcoup la fillette entendit une main inhabile soulever infructueusement le loquet de la porte d'entrée.

Bien loin de se douter de la vérité, elle cria sans se déranger :

— Entrez donc !

— Je ne peux pas ! répondit du dehors la voix cristalline d'Angèle.

Laissant aussitôt tomber les serviettes qu'elle faisait chauffer devant le foyer, Marianne courut à la porte et l'ouvrit.

Il faisait un temps abominable, une pluie mêlée de givre et de neige fouettait impitoyablement les maisons ; Angèle, le visage rosé par la course et le vent, souriait sur le seuil et tendait les bras à son amie.

Celle-ci l'enleva vivement, referma la porte, et vint s'asseoir devant le feu, tenant toujours la petite serrée contre elle.

— Comment ! c'est toi ? dit-elle après l'avoir bien embrassée ; comment as-tu fait pour venir ?

— Grand'mère s'était endormie devant le feu, j'ai ouvert la porte tout doucement et je suis venue.

Angèle regarda sa grande amie, avec des yeux débordants de tendresse.

— Mais il fait nuit, dit Marianne avec reproche, si tu t'étais perdue ?

— Je savais bien où tu demeures, répondit l'enfant, et puis je m'ennuyais trop de ne pas te voir.

Elles restèrent blotties un instant dans les bras l'une de l'autre, devant le feu qui ne jetait plus que des lueurs de braise.

— Marianne, cria de la pièce voisine la voix du père Benoît, mes serviettes ! A quoi penses-tu donc ?

— Me voici, père, répondit la fillette qui se leva vivement pour obéir.

— C'est ton père, dis ? chuchotta Angèle en tirant sur la jupe de Marianne.

— Oui, laisse-moi aller lui porter ce qu'il demande.

— Il est méchant ? demanda la petite fille, moitié effrayée, moitié confiante.

Marianne se mit à rire.

— Méchant ! Oh ! non ! un peu bourru quand il souffre, mais il est très bon.

Tout en parlant elle avait exposé les serviettes à la chaleur du foyer, et elle se dirigea vers la pièce voisine.

— Avec qui parlais-tu ? demanda le père Benoît ; la porte était restée entr'ouverte.

— Avec ma petite amie, répondit la fillette.

— Tu as donc des amies, à présent ?

— C'est la petite Angèle, vous savez bien ? Pauvre petite orpheline, il faut bien qu'on l'aime !

Marianne avait baissé la voix pour prononcer cette phrase, mais Angèle avait l'oreille fine et l'avait entendue.

— Fais-la moi voir, dit le père Benoît, qui s'ennuyait, et pour qui tout prétexte de distraction semblait bon.

Angèle, appelée, se tint sur le seuil, indécise, n'osant entrer.

— Approche donc, dit Benoit.

Elle obéit et se trouva sous la lumière de la lampe qui éclairait ses cheveux frisés et ses yeux bleus, si intelligents et si doux.

Le père Benoît la regarda un instant avec une attention singulière ; puis il lui tendit les mains et l'attira tout près de lui. Ses yeux allèrent de Marianne à la petite à plusieurs reprises ; enfin il se pencha vers elle et l'embrassa deux fois.

— Tu ne sais pas , dit-il à sa fille, qui le regardait avec surprise, contente cependant de voir faire un tel accueil à sa petite chérie ; elle ressemble trait pour trait à une sœur que tu as eue avant ta naissance, et que nous avons perdue toute petite ; on dirait c'est elle.

— Vous lui permettrez de venir, n'est-ce pas, papa ? demanda Marianne.

— Oui, dit le père, souvent.

Il tomba dans une méditation profonde, si bien que les deux enfants se retirèrent sans qu'il s'en aperçût.

Mme H. GRÉVILLE. (1842-1902)

(Extrait de Angèle. - Plon-Nourrit, édit.)

27me RÉUNION

Rappeler qu'avant la *Déclaration des Droits de l'Homme et du Citoyen*, il n'existait en France que des privilèges : tout dépendait du bon plaisir du roi ou des seigneurs, des traditions ou des coutumes. — Résumer les principaux évènements qui précédèrent le vote de la *Déclaration* (5 mai, 20 juin, 14 juillet, 4 août 1789) et expliquer le but de cette *Déclaration* : éclairer le peuple en lui faisant connaître les droits auxquels personne ne devait toucher ; indiquer aux législateurs sur quels principes fondamentaux devaient être établies les Constitutions ; prouver à tous que l'ancien régime était bien fini.

Votée à la quasi-unanimité des députés représentant les trois ordres, le 27 août 1789, cette *Déclaration* ne fut acceptée par le roi Louis XVI que lorsque le peuple de Paris marcha sur Versailles (5 octobre 1789),

Insister sur le caractère universel et désintéressé de la *Déclaration*, — *Il s'agit des Droits de l'Homme, quel que soit son pays, sa nature, sa situation* — dont s'inspirent la plupart des constitutions du monde, — et montrer la grandeur de l'œuvre ainsi accomplie par nos ancêtres de 1789.. Aussi a-t-on pu dire, avec raison, que cette *Déclaration* était « *la chose la plus sublime qui fut sortie d'une assemblée politique.* »

Lire le préambule et le commenter succinctement.

Lire l'art 1. — proclamant *la liberté* et *l'égalité* — ; l'art. 4 qui définit la liberté et en marque les limites ; — l'art. 6 relatif à l'égalité devant la loi, et à l'admissibilité aux dignités, places et emplois : — enfin l'art. 3 qui établit la souveraineté de la nation.

Pour chacun de ces articles, exposer ce qui se passait sous l'ancien régime, et les modifications établies par la *Déclaration*. Signaler particulièrement les diverses formes d'attentat aux droits de l'homme qui se commettent journellement d'un cœur léger (*excès de pouvoir, intransigeance en cas de grève, eto...*).

DICTÉE

La Déclaration des Droits de l'Homme

Cette *charte* du citoyen est le plus éloquent abrégé de toute l'histoire de France, de l'histoire vécue et de l'histoire à vivre, du passé et de l'avenir.

Avant de se former en commandements sacrés les mots qui s'alignent en ses dix-sept articles ont été bégayés par des *générations* sans nombre, au milieu des gémissements et des sanglots ; et, pour réaliser dans la plénitude de leur signification, tout ce que ces mots promettent à l'humanité, il faudra aussi les efforts généreux d'autres générations.

Dans une des plus belles œuvres de Mozart, il est un chant qui rit et qui pleure, une plaintive sérénade que soutient un accompagnement joyeux. A qui sait lire, non des yeux seulement, la Déclaration, pareillement joyeuse et triste, dilate et serre le cœur. C'est un chant de triomphe où le citoyen, enfin maître de sa personne, maître de sa pensée et de ses biens, proclame l'émancipation du monde ; et c'est un chant de deuil où, sous ces fanfares qui saluent la loi et la liberté, on entend pleurer encore les plaintes de ceux qui sont morts dans les fers, victimes des privilèges de l'*arbitraire*, de l'*iniquité*, de l'*erreur intolérante* et de la *tyrannie*.

F. GACHE.

(Extrait de l'Education du peuple. A. Picard édit.)

Pensée. — La Déclaration des Droits de l'Homme et du Citoyen est le catéchisme national des peuples libres.

EXPLICATION DES MOTS EN ITALIQUE

Charte : constitution, loi, règle fondamentale.

Génération : succession d'hommes ; tous ceux qui vivent dans le même temps ; postérité.

Arbitraire : Pouvoir despotique, qui n'est soumis à aucune loi.

Iniquité : injustice.

Erreur intolérante : désigne l'ignorance persécutrice.

GRAMMAIRE ET ORTHOGRAPHE

Synonymes de *abrégé* (résumé, sommaire) ; — de *émancipation* (indépendance, liberté).

Distinguer *un soutien* (subs.) des diverses personnes du sing. du verbe *soutenir* (indic. prés.) : *je soutiens, tu soutiens, il soutient.*

Homonymes de *sait* (v. savoir) : *c'est* et *s'est, ces* et *ses.* Les employer dans une phrase.

QUESTIONS D'INTELLIGENCE

Expliquez pourquoi la Déclaration est un abrégé. de l'histoire vécue et de l'histoire à vivre ?

Connaissez-vous quelques victimes des privilèges, de l'arbitraire, de l'erreur intolérante. ?

CALCUL

LES MONNAIES, BIJOUX, MÉDAILLES, ETC....

Nommer les diverses espèces de monnaies, d'or, d'argent, de nickel et de bronze ; les divers billets de banque (50 — 100 — 500 — 1000 fr.)

Sous-multiples décimaux du franc — le décime est presque abandonné — ; utilité du cuivre allié au métal fin (les pièces résistent mieux au frottement).

Le *titre* est le quotient obtenu en divisant le poids du métal fin par le poids total de l'alliage (exemples).

Donner le poids des monnaies d'argent et indiquer la valeur relative des diverses monnaies (1 kg. d'or 3.100 fr. — 1 kg. d'argent, 200 fr. ; — 1 kg. de bronze 10 fr.) La pièce en nickel pèse 7 gr.

L'Etat seul a le droit de fabriquer la monnaie et, depuis 1879, il n'y a plus qu'un seul Hôtel des Monnaies, à Paris. — L'usage d'une pièce fausse entraîne une amende minimum de 16 fr. ; l'altération ou la contrefaçon des monnaies ou des billets de banque est punie des travaux forcés à temps ou à perpétuité.

Pour mettre l'acheteur à l'abri de la fraude, la loi a établi des titres obligatoires pour les objets d'orfèvrerie en or ou en argent (bagues, bijoux, chaînes, médailles,

couvérts, etc...) : **2 titres pour l'argent (0,950 et 0,800)** ;
3 titres pour l'or (0,920 — 0,840 — 0,750).

Faire constater sur des bagues ou des bijoux le poinçon de contrôle ; expliquer sa nécessité et l'importance de l'indication, par le vendeur, du titre des objets.

EXERCICE ÉCRIT

Le kilogramme d'argent pur valant 220 fr. 55 ; calculer le prix d'un couvert en argent, au titre de 0,800, pesant 120 grammes ?

SOLUTION

Argent pur contenu dans le couvert : $120 \times 0,800 = 96$ gr.
Valeur du couvert : 0 fr. 22055 $\times 96 = 21$ fr. 30 par excès.

CALCUL MENTAL

1. — Exercer les jeunes filles à rendre rapidement la monnaie en ajoutant à la somme due ce qui manque pour égaler la somme donnée en paiement. Ainsi, on donne 20 fr. pour payer 5 fr. 80. Pour rendre ce qui est dû, on dira 5 fr. 80 et 0 fr. 20 font 6 fr. et 4 font 10 fr. et 10 font 20 francs.

2. — On donne 2 fr. 50 du gramme de vieil or. Quel serait le prix de bagues et bijoux pesant 75 gr. ?

$$2 \text{ fr. } 50 \times 75 = \frac{75 \times 100}{40 \times 10} = 187 \text{ fr. } 50$$

DROIT USUEL

CERTIFICAT DE TRAVAIL

L'Institutrice exposera les avantages des bons certificats de travail pour une ouvrière.

Ces certificats doivent indiquer : 1° la date de l'entrée et de la sortie dans l'atelier, l'usine, l'établissement ; 2° l'espèce de travail auquel on a été occupé ; 3° autant que possible, l'appréciation des bons services rendus.

La signature du patron ou de la patronne doit être légalisée par le maire de la commune.

MODÈLE DE CERTIFICAT

Je soussignée, Julie Salvan, domiciliée à Lyon, 12, pla-

ce des Terreaux, certifie que Mademoiselle Emilie Boyer, âgée de dix-neuf ans, est restée chez moi en qualité de femme de chambre du 1ᵉʳ septembre 1909 au 31 décembre 1910. Je n'ai eu, pendant ce temps, qu'à me louer de ses bons services et de sa bonne conduite.

En foi de quoi je délivre le présent certificat pour servir et valoir ce que de droit.

Lyon, ce 1ᵉʳ janvier 1911.　　　　Julie SALVAN.

Vu pour légalisation de la signature de Madame Julie Salvan, ci-dessus apposée, par nous maire de la ville de Lyon, le 2 janvier 1911.

Le Maire,

Sceau de la Mairie.　　　　Signature.

ÉCONOMIE DOMESTIQUE

LES VÊTEMENTS

L'Institutrice développera succinctement les considérations générales suivantes :

1° Les vêtements doivent être en rapport avec la situation qu'on occupe, avec l'état de fortune et avec l'âge ;

2° Ils seront assez simples pour ne pas gêner les mouvements ni porter obstacle à la digestion, à la respiration et à la circulation ;

3° On préférera les étoffes un peu foncées de bonne qualité aux tissus légers à teintes vives n'offrant pas de résistance et se fanant vite ;

4° Ne pas sacrifier les vêtements de dessous au costume de dessus ;

5° Ne jamais négliger sa mise, même le matin.

6° Rappeler que l'amour déplacé de la toilette et de la coquetterie conduisent fatalement à la paresse, à la ruine ou à l'inconduite.

Insister sur la nécessité de s'habituer de bonne heure : 1° à changer de vêtements lorsqu'on rentre à la maison, pour s'y livrer aux travaux d'intérieur ; — 2° à brosser, plier ou suspendre, à l'abri de la poussière, les vêtements qu'on vient de retirer ; — 3° à faire la visite de ses vête-

ments un peu avant chaque saison afin de les réparer ou de les modifier s'il en est besoin.

Faire copier aux jeunes filles le tableau suivant, et faire devant elles quelques expériences sur des échantillons d'étoffes variées.

POUR DÉTACHER LES TISSUS

TACHES	SUR LE LINGE	SUR LES TISSUS	SUR LA SOIE
d'acides.	Lavage à l'eau de Javel chaude	Ammoniaque plus ou moins étendu d'eau.	Comme pour les tissus.
Cambouis, goudron graisse de voiture.	Enlever avec un couteau ce que l'on peut ; frictionner à l'essence de térébenthine et à l'eau, à plusieurs reprises.	Frictionner avec du saindoux, savonner, laver comme ci-devant à l'essence et à l'eau.	Comme ci-devant, mais remplacer l'essence par la benzine.
Encre et rouille.	Laver à l'eau vinaigrée, puis eau acidulée (1/20 d'acide chlorydrique).	Pour les tissus blancs, dissolution concentrée d'acide oxalique ; pour les autres eau de Javel, puis eau acidulée comme ci-dessus.	Ces tâches sont impossibles à enlever.
Graisse.	Eau savonneuse, benzine ou huile de pétrole.	Frictionner à l'ammoniaque, avec 5 fois valeur d'eau.	Benzine, éther, ammoniaque.
Huile.	Essence de térébenthine, benzine, savon.	Comme ci-devant.	Benzine, éther, savon.
Vin et fruits.	Vapeurs d'acide sulfureux ; eau chlorée chaude.	Eau de savon tiède ; en cas d'insuccès, sel d'oseille, acide citrique ou tartrique.	Eau de savon tiède ou ammoniaque.

N. B. — Les savons à détacher ne doivent être employés qu'après un essai préliminaire sur une étoffe analogue.

150 grammes de savon blanc dissous dans 1 litre d'eau chaude avec 35 grammes de cristaux de soude et 35 grammes de fiel de bœuf, filtré et conservé dans une bouteille fermée, est un excellent produit pour détacher les vêtements.

28e RÉUNION

LECTURE

Perdus dans la forêt

Le laboureur Germain, qui a perdu sa femme, est parti pour un village voisin, en compagnie de son jeune enfant, Petit-Pierre, et d'une jeune servante, Marie, qui va se louer. La nuit les a surpris dans les bois ; ils s'y égarent et sont obligés d'y passer la nuit à la belle étoile.

Tenant l'enfant endormi sur ses genoux, Marie et Germain se disposent à casser la croûte, lorsque Petit-Pierre s'éveille.

Petit-Pierre s'était soulevé et regardait autour de lui d'un air tout pensif.

— Ah ! il n'en fait jamais d'autres quand il entend manger, celui-là ! dit Germain : le bruit du canon ne le réveillerait pas, mais quand on remue les mâchoires auprès de lui, il ouvre les yeux tout de suite.

— Vous avez dû être comme ça à son âge, dit la petite Marie avec un sourire malin. Allons, mon Petit-Pierre, tu cherches ton ciel de lit ? Il est fait de verdure, ce soir, mon enfant, mais ton père n'en soupe pas moins. Veux-tu souper avec lui ? Je n'ai pas mangé ta part, je me doutais bien que tu la réclamerais.

— Marie, je veux que tu manges, s'écria le laboureur, je ne mangerai plus. Je suis un vorace, un grossier : toi, tu te prives pour nous, ce n'est pas juste, j'en ai honte. Tiens, ça m'ôte la faim, je ne veux pas que mon fils soupe, si tu ne soupes pas.

— Laissez-nous tranquilles, répondit la petite Marie, vous n'avez pas la clef de nos appétits. Le mien est fermé aujourd'hui, mais celui de votre Pierre est ouvert

comme celui d'un loup. Tenez, voyez comme il s'y prend !
Oh ! ce sera aussi un rude laboureur !

En effet, Petit-Pierre montra bientôt de qui il était le
fils, et à peine éveillé, ne comprenant ni où il était, ni
comment il y était venu. il se mit à dévorer. Puis, quand
il n'eût plus faim, se trouvant excité comme il arrive
aux enfants qui rompent leurs habitudes, il eut plus d'esprit, plus de curiosité et plus de raisonnement qu'à l'ordinaire. Il se fit expliquer où il était, et quand il sut que
c'était au milieu d'un bois, il eut un peu peur.

— Y a-t-il des méchantes bêtes dans ce bois ? deman-
da-t-il à son père.

— Non, fit le père, il n'y en a point. Ne crains rien.

— Tu as donc menti, quand tu m'as dit que si j'allais
avec toi dans les grands bois les loups m'emporteraient ?

— Voyez-vous ce raisonnement ? dit Germain embar-
rassé ?

— Il a raison, reprit la petite Marie, vous lui avez dit
cela : il a bonne mémoire, il s'en souvient. Mais apprends, mon Petit-Pierre, que ton père ne ment jamais.
Nous avons passé les grands bois pendant que tu dor-
mais, et nous sommes à présent dans les petits bois, où
il n'y a pas de méchantes bêtes.

— Les petits bois sont-ils bien loin des grands ?

— Assez loin ; d'ailleurs les loups ne sortent pas des
grands bois. Et puis, s'ils venaient ici, ton père les
tuerait.

— Et toi aussi, petite Marie ?

— Et nous aussi, car tu nous aiderais bien, mon
Pierre ? Tu n'as pas peur, toi ? Tu taperais bien dessus !

— Oui, oui, dit l'enfant enorgueilli, en prenant une
pose héroïque, nous les tuerions !

— Il n'y a personne comme toi pour parler aux enfants, dit Germain à la petite Marie, et pour leur faire
entendre raison. Il est vrai qu'il n'y a pas longtemps
que tu étais toi-même un petit enfant, et tu te souviens
de ce que te disait ta mère. Je crois bien, que plus on
est jeune, plus on s'entend avec ceux qui le sont. J'ai
grand peur qu'une femme de trente ans, qui ne sait pas

encore ce que c'est que d'être mère, n'apprenne avec peine à babiller et à raisonner avec des marmots.

— Pourquoi donc pas, Germain ? Je ne sais pourquoi vous avez une mauvaise idée touchant cette femme ; vous en reviendrez !

— Au diable la femme ! dit Germain. Je voudrais en être revenu pour n'y plus retourner. Qu'ai-je besoin d'une femme que je ne connais pas ?

— Mon petit père, dit l'enfant, pourquoi donc est-ce que tu parles toujours de ta femme aujourd'hui, puisqu'elle est morte ?...

— Hélas ? tu ne l'as donc pas oubliée, toi, ta pauvre chère mère ?

— Non, puisque je l'ai vu mettre dans une belle boîte de bois blanc, et que ma grand'mère m'a conduit auprès pour l'embrasser et lui dire adieu !... Elle était toute blanche et toute froide, et tous les soirs ma tante me fait prier le bon Dieu pour qu'elle aille se réchauffer avec lui dans le Ciel. Crois-tu qu'elle y soit à présent !

— Je l'espère, mon enfant, mais il faut toujours prier, ça fait voir à ta mère que tu l'aimes.

— Je vas dire ma prière, reprit l'enfant ; je n'ai pas pensé à la dire ce soir. Mais je ne peux pas la dire tout seul ; j'en oublie toujours un peu. Il faut que la petite Marie m'aide.

— Oui, mon Pierre, je vais t'aider, dit la jeune fille. Viens là, te mettre à genoux sur moi.

L'enfant s'agenouilla sur la jupe de la jeune fille, joignit ses petites mains, et se mit à réciter sa prière, d'abord avec attention et ferveur, car il savait très bien le commencement ; puis avec plus de lenteur et d'hésitation, et enfin répétant mot à mot ce que lui dictait la petite Marie, lorsqu'il arriva à cet endroit de son oraison, où le sommeil le gagnant chaque soir, il n'avait jamais pu l'apprendre jusqu'au bout. Cette fois encore, le travail de l'attention et la monotonie de son propre accent produisirent leur effet accoutumé : il ne prononça plus qu'avec effort les dernières syllabes, et encore après se les être fait répéter trois fois ; sa tête s'appesantit et se pencha sur la poitrine de Marie : les mains se détendirent, se séparèrent et retombèrent ouvertes sur ses genoux. A la lueur du feu du bivouac, Germain regarda son petit ange assoupi sur le cœur de la jeune fille, qui, le soutenant dans ses bras et réchauffant ses cheveux blonds de sa pure haleine, s'était laissé aller aussi à une rêverie pieuse et priait mentalement pour l'âme de Catherine.

G. SAND. (1804-76)

Extrait de la *Mare au Diable*. — (Calman-Lévy, édit.)

29me RÉUNION

Lire et commenter, comme nous l'avons dit à la 27e réunion, les art. 10 et 11, relatifs à la liberté de conscience, à la liberté de réunion et de la presse ; — les art. 13 et 14 établissant la nécessité de l'impôt, son équitable répartition et le droit de contrôle de nos représentants.

Insister sur le caractère de la *tolérance*, cette vertu républicaine par excellence, et que nos jeunes filles doivent particulièrement affectionner. Elle comprend deux devoirs distincts : 1° *respect des idées, des opinions, des croyances d'autrui ; — 2° défense absolue de recourir à la force, à la violence pour répandre et imposer ses propres opinions.*

C'est par le raisonnement, par la persuasion, par la douceur qu'il faut combattre et réfuter l'erreur, jamais par la violence. A la vérité, les femmes n'emploient guère ce dernier moyen ; mais leur intolérance se manifeste trop souvent :

1° par l'impatience dans la discussion, l'injure ou la grossièreté ;

2° par la facilité à croire et à dire du mal de ceux qui ne pensent pas comme nous ;

3° par la moquerie, le parti-pris à l'égard de ceux qui n'ont pas nos croyances religieuses ou nos opinions politiques ;

4° par la critique déplacée des plus mesquins détails de la vie : on ne permet pas aux autres d'apprécier autrement que nous une mode, un usage qu'on ridiculise ou qu'on approuve.

Rappeler les ravages de l'intolérance, d'autant plus dangereuse qu'elle se présente ordinairement comme la gardienne de la vérité *(persécutions contre les chrétiens, à Rome ; contre les hérétiques, les Albigeois, les Vandois ; funestes résultats des guerres de religion et de la révocation de l'édit de Nantes ; horreurs de l'Inquisition)* ; — signaler quelques victimes de l'intolérance *(Michel Servet, Giordano Bruno, Galilée, etc...)*

Faire observer que toutes les opinions triomphantes sont naturellement portées à devenir intolérantes.

Dire enfin quel bien pourraient faire les femmes pour rapprocher les esprits divisés, en cherchant ce qui rapproche les personnes de différent culte ou d'opinions diverses ; en évitant, dans la conversation, ce ton tranchant et absolu qui blesse autrui ; en témoignant en toute circonstance une largeur d'esprit, une modestie, une délicatesse affectueuse, seules capables de gagner les esprits et les cœurs.

DICTÉE

L'intolérance de nos jours

L'intolérance prend, de nos jours, différentes formes. Sans doute, on ne brûle plus ses *adversaires* religieux ou politiques, mais on les injurie, on les calomnie, on cherche à jeter le *discrédit* sur la cause qu'ils soutiennent, en les déshonorant.

On affirme d'un ton d'autorité que leur opinion est immorale et ne saurait être professée par les honnêtes gens ; ou encore on a recours à la raillerie pour jeter le ridicule sur des croyances respectables.

D'autre part, si notre position sociale nous offre les moyens de nuire *matériellement* à ceux qui ne pensent pas comme nous, de les atteindre dans leurs intérêts, on ne se fait pas scrupule d'en user. On voit des patrons refuser de l'ouvrage à un ouvrier, de l'avancement à un employé : des propriétaires renvoyer un fermier, parce que ceux-ci ne partagent pas leurs croyances.

L'injure, la calomnie, les abus de pouvoir restent des choses mauvaises, quel que soit le but que l'on poursuive par leur moyen. On ne saurait trop le répéter : la fin ne *justifie* pas les moyens.

De la HAUTIÈRE.

(Extrait du « Précis de Morale pratique. — Garnier édit.)

Pensée. — L'intolérance est un lierre qui s'attache aux religions et aux états, qui les entraîne et les dévore.

EXPLICATION DES MOTS EN ITALIQUE

Adversaire : celui qui n'a pas nos opinions politiques ou religieuses.

Discrédit : perte du crédit, de la confiance.

Matériellement : qui tombe sous les sens et se manifeste d'une manière tangible.

GRAMMAIRE ET ORTHOGRAPHE

Distinguer *sur* de *sûr* ; — *mur* de *mûr* (exemples).

Conjuger *atteindre* au passé défini et au futur et *renvoyer* au futur et à l'impératif.

Homonymes de *fin* (fin adj.) ; *faim* ; *feins*, *feint* (du verbe feindre)

QUESTIONS D'INTELLIGENCE

Avez-vous été témoin de quelque acte d'intolérance ?

Expliquez la pensée qui termine la dictée.

CALCUL

PLACEMENTS A LA CAISSE D'ÉPARGNE

Le but de la Caisse d'épargne est de recevoir les petites économies et de les rembourser sur la demande des intéressés, en tenant compte des intérêts produits.

Montrer un livret de Caisse d'Epargne et faire observer que les versements ne peuvent être inférieurs à 1 fr. Lorsque, à la suite des versements successifs et des intérêts acquis, la somme dépasse 1500 fr., le déposant est invité à ramener son avoir au-dessous de cette somme. S'il ne le fait pas dans les 3 mois qui suivent l'avis de l'administration de la Caisse d'épargne, celle-ci achète au déposant un titre de rente nominatif de 20 francs, dont le montant est déduit de l'avoir du livret.

La Caisse d'épargne sert actuellement aux déposants un intérêt annuel de 2 fr. 50. L'intérêt court à partir du 1er ou du 16 du mois qui suit chaque versement. Tous les ans, après le 31 décembre, l'intérêt s'ajoute au capital pour produire intérêt à son tour. Les administrateurs des Caisses d'épargne calculent cet intérêt d'après un barème établi par quinzaine. La semaine est l'unité de temps et l'année est considérée comme exactement composée de 52 semaines.

En cas de perte d'un livret, il faut s'empresser d'en faire la déclaration au bureau de poste ; celui-ci fera le nécessaire pour faire délivrer un duplicata du premier livret.

Mettre les jeunes filles en garde contre les campagnes

dé presse qui, dans un but politique, tentent de discréditer la Caisse d'épargne. Ces placements sont de toute garantie puisque les opérations de cette caisse sont contrôlées par l'Etat et que les sommes reçues sont aussitôt versées à la Caisse des dépôts et consignations.

S'il existait dans la commune, une Caisse d'épargne municipale, la signaler. Son fonctionnement est le même que pour la Caisse nationale d'épargne.

Importance de l'habitude de l'économie et des placements réguliers, hebdomadaires, mensuels ou trimestriels, à la Caisse d'épargne.

EXERCICE ÉCRIT

Une ouvrière place à la Caisse d'épargne 300 fr. le 10 janvier et 180 fr. le 25 septembre suivant. Calculer l'intérêt qui sera ajouté au capital à partir du 31 décembre de la même année ?

SOLUTION

1 fr. pendant 1 semaine rapporte $\frac{2,50}{100 \times 52} = 0$ fr. 00048
et 300 fr. en 50 semaines rapportent
$$0,00048 \times 50 \times 300 = 7 \text{ fr. } 20$$
et 180 fr. en 13 semaines rapportent
$$0,00048 \times 13 \times 180 = \underline{1 \text{ fr. } 12}$$
L'intérêt ajouté au capital sera . . . . 8 fr. 32

CALCUL MENTAL

Calculer l'intérêt de 150, 200, 500 francs, pendant 10, 20, 25 semaines ?

EXERCICE DE FRANÇAIS

DEMANDE D'EXTRAIT DE NAISSANCE

Conseils. — Lorsqu'on écrit à une autorité cantonale ou communale (*juge de paix, agent-voyer, maire, etc...;*) ou à un supérieur (*médecin, notaire, vétérinaire, etc...*), il faut observer certaines convenances spéciales qui ne sont pas de rigueur dans les lettres d'affaires, de famille ou d'amitié.

Voici quelques intéressants détails d'exécution qu'il ne faut pas négliger :

La date s'écrit à 2 centimètres environ du bord supérieur et un peu à droite ; à peu près au tiers de la longueur de la feuille, en partant du haut, on écrit, s'il s'agit d'une jeune fille s'adressant à un maire :

Mlle Marie Vigé, modiste à Nîmes. 5, rue des Arènes,
à Monsieur le Maire de Sauclières, par St-Jean-
du-Bruel (Aveyron) ;

Le corps de la lettre commence un peu au-dessous du milieu de la longueur ; la marge doit avoir au moins 4 centimètres de large.

Il est admis que plus on laisse d'espace vide entre les mots mis en vedette et le corps de la lettre, et que plus la marge est large, plus on témoigne de respect au destinataire.

Exposez clairement et avec concision l'objet de votre lettre ; — donnez les renseignements utiles ; indiquez les pièces annexées à votre demande, et terminez par une formule finale et respectueuse. Signez enfin bien lisiblement, sans répéter l'adresse déjà indiquée plus haut.

N'oubliez pas que le respect et la déférence pour l'autorité sont toujours une preuve de bonne éducation.

Les mots Monsieur, Madame, Mademoiselle, servant à désigner la personne même à laquelle on écrit, figurant en toutes lettres ; dans les autres cas, on les écrit en abrégé.

SUJET

Vous écrivez au maire de votre commune pour lui demander un extrait de votre acte de naissance.

Plan

I. — Objet de la lettre.

II. — Renseignements précis sur la date de votre naissance et sur le nom de vos parents.

III. — Envoi des fonds en mandat-poste.

IV. — Formule respectueuse.

SUJET TRAITÉ

Nimes, le 3 février 1911.

Mlle Marie Vigé, modiste à Nimes, 5 rue des Arènes;
à Monsieur le Maire de Sauclières,
par St-Jean-du-Bruel (Aveyron).

J'ai l'honneur de vous prier de vouloir bien m'expédier au plus tôt un extrait de mon acte de naissance.

Je suis née au hameau du Chapelier, dans votre commune, le 10 août 1893, et suis fille de défunts Jean Vigé, cultivateur, et de Léonie Malet,

Je joins à ma lettre un mandat-poste de 2 fr. 40 en paiement de la feuille de papier timbré, des droits d'extrait et de légalisation par le juge de paix, et du timbre d'envoi de cette pièce, comme papiers d'affaires.

Marie Vigé.

AUTRE SUJET

Ecrivez à un notaire pour lui demander une copie du contrat de mariage de vos parents.

N. B. — Le prix des extraits des actes de l'Etat-Civil (naissances ou décès) varie avec la population des villes : 0 fr. 30 dans les villes de 50.000 habitants et au-dessous ; — 0 fr. 50 si la ville a plus de 50.000 habitants ; — 0 fr. 75 pour Paris. La feuille de papier timbré coûte invariablement 1 fr. 80.

La légalisation par le juge de paix coûte 0 fr. 25 et l'affranchissement comme papiers d'affaires 0 fr. 05.

Les extraits d'actes de l'Etat-Civil sont délivrés sur papier libre : 1° aux indigents ; 2° aux personnes admises au bénéfice de l'assistance judiciaire ; 3° pour l'obtention des pensions ou des secours de l'Etat ; 4° pour l'admission dans une société de secours mutuels.

Ces demandes d'extraits d'actes de l'Etat-Civil peuvent être adressées indifféremment au Maire de la commune ou au greffier du tribunal de première instance.

ENSEIGNEMENT MÉNAGER
Utilisation des restes de bouilli

Importance de connaître quelques moyens d'utiliser les restes des préparations plus ou moins abondantes.

Les restes de bouilli peuvent être ainsi utilisés ;

1º On peut les couper en dés ou en tranches, ajouter quelques filets de harengs saurs ou quelques enchois, et servir en salade ;

2º Dans une casserole peu profonde, faire fondre une cueillerée de graisse et couvrir d'une couche de croûtes de pain rapées, en chapelure, fines herbes hachées, sel et un peu de poivre ;

Par dessus, disposer une couche de tranches minces de bouilli ;

Remettre au-dessus une nouvelle couche de chapelure, fines herbes, etc... ; enfin une seconde couche de bouilli et recouvrir d'une dernière couche de chapelure, avec une cueillerée de graisse. Humecter de bouillon ou d'eau et faire cuire avec feu dessus et dessous.

Lorsque la partie supérieure forme une croûte bien dorée, on sert dans la casserole même.

3º On peut enfin former un hachis de bouilli restant, en y ajoutant un peu de lard, persil, poivre, sel et un peu de mie de pain trempée dans du lait de préférence ; former des boulettes qu'on roule dans la farine et faire frire dans la pâte à frire bouillante.

Quand les boulettes sont bien dorées, les servir bien chaudes.

30ᵐᵉ RÉUNION

LECTURE

Lettres de Madame Roland

Marie-Jeanne Phlipon, fille d'un graveur, naquit à Paris en 1754. A 10 ans, elle avait déjà acquis une remarquable érudition, et à 20 ans elle épousait Roland de la Platière, de 22 ans plus âgé qu'elle, et qui devint ministre de l'intérieur en 1792. Avant, pendant et après le ministère de son mari, Mᵐᵉ Roland joua un rôle politique important et fut l'âme du parti Girondin. Incarcérée le 2 juin 1793, traduite le 9 novembre 1793 devant le tribunal révolu. tionnaire, elle se défendit avec calme et dignité et monta sur l'échafaud, le lendemain, avec une héroïque fermeté. Outre ses *Mémoires*, Mᵐᵉ Roland a laissé des *Lettres* où se révèle son âme ardente et républicaine, son cœur sensible d'épouse, de mère et d'amie.

A M. BOSC (1)

Villefranche, 10 novembre 1786

Aussi du coin de mon feu, mais à onze heures du matin; après une nuit paisible et les soins divers de la matinée, mon ami (2) à son bureau, ma petite (3) à tricoter, et moi, causant avec l'un, veillant l'ouvrage de l'autre, savourant le bonheur d'être bien chaudement au sein de ma petite et chère famille, écrivant à un ami, tandis que la neige tombe sur tant de malheureux accablés de misère et de chagrins, je m'attendris sur leur sort je me replie doucement sur le mien, et je compte en ce moment pour rien les contrariétés de relations ou de circonstances qui sembleraient quelquefois en altérer la félicité. J'ai eu à la maison, durant deux mois, une femme charmante.

A son occasion, j'ai été dans le monde, et j'ai attiré compagnie ; elle a été fêtée ; nous avons entremêlé cette vie extérieure de jours tranquilles passés à la campagne, et surtout d'agréables soirées, employées à lire et causer sur ces lectures faites en commun. Mais enfin il faut reprendre sa façon d'être accoutumée. Nous sommes entre nous, et je me retrouve avec délices dans mon petit cercle le plus près du centre. Aussi, malgré les sollicitations pressantes, et presque l'engagement de passer à Lyon une partie de l'hiver, j'ai pris la résolution de ne pas quitter le colombier ; mon bon ami ne peut cependant se dispenser d'un voyage et d'un séjour assez long dans ce chef-lieu de son département ; mais je l'y laisserai seul cultiver nos relations, suivre ses affaires d'administration et s'amuser d'académies (4) ;

---

(1) Fils d'un médecin de Louis XV. — Savant naturaliste.

(2) Roland, inspecteur général des manufactures, fut appelé, en 1784, dans la généralité de Lyon.

(3) Sa fille Eudora (1781-1858)

(4) Son mari participait aux travaux de l'académie de Lyon.

je me renferme dans ma solitude pour tout l'hiver, et je n'en sortirai qu'aux premiers beaux jours pour étendre mes plumes au soleil du printemps. J'ai souri à vos conclusions de ce qu'il devait être pensé de moi et de ce qu'on pouvait attendre pour le jeu et les cercles, et je me suis dit : Voilà comme raisonnent tous nos savants, physiciens, chimistes et autres. Ils partent de quelques données dont ils ne connaissent ni la cause ni les liaisons ; ils suppléent à ce défaut par leurs conjectures ; ils vernissent le tout par le jargon des grands mots, et donnent gravement les résultats les plus faux du monde pour les vérités palpables.

De ce qu'à l'occasion d'une étrangère je me suis répandue dans les sociétés, où l'on a pu voir que je figurais comme une autre ; voilà mon philosophe qui détermine, que j'ai pris le parti de vivre à la provinciale, toujours hors de moi et maniant les cartes. Pauvre garçon, si vous ne faites pas mieux dans vos études, je vous plains de perdre autant de temps à travailler !...

Maintenant, sachez qu'Eudora lit bien, commence à ne plus connaître d'autres joujoux que l'aiguille, s'amuse à faire des figures de géométrie, ne sait pas ce que c'est qu'entraves de toilette d'aucun genre, ne se doute pas du prix qu'on peut mettre à des chiffons pour la parure, se croit belle quand on lui dit qu'elle est sage et qu'elle a une robe bien blanche, remarquable par sa propreté, qu'elle trouve sa suprême récompense dans un bonbon donné avec des caresses, que ses caprices deviennent plus rares et moins longs, qu'elle marche dans l'ombre comme au grand jour, n'a peur de rien, et n'imagine pas qu'il vaille la peine de mentir sur quoi que ce soit ; ajoutez qu'elle a cinq ans et six semaines ; que je ne lui connais pas d'idées fausses sur aucun objet, important du moins ; et convenez que, si sa raideur m'a fatiguée, si ses fantaisies m'ont inquiétée, si son insouciance a rendu notre influence plus difficile, nous n'avons pas entièrement perdu nos soins.

Au bout du compte, j'ai trouvé dans votre lettre que tous les raisonnements dont vous étiez l'objet direct étaient fort justes, que vous entendiez bien ce qui con-

venait à voire plus grand bonheur présent et futur ;
qu'ainsi vous étiez encore meilleur philosophe que les
trois quarts et demi du genre humain. Avec cela, conti-
nuez d'être un bon ami, et vous vaudrez toujours beaucoup pour vous et pour les honnêtes gens. Adieu, midi
approche, on va m'appeler pour diner ; je n'ai plus que
le temps de vous embrasser pour tout le petit ménage,
y compris Eudora.

ADIEUX SUPRÊMES

Octobre 1793

Adieu, mon enfant, mon époux, ma bonne, mes amis ;
adieu soleil dont les rayons brillants portaient la séré-
nité dans mon âme, comme ils la rappelaient dans les
cieux ; adieu, campagnes solitaires, dont le spectacle
m'a si souvent émue, et vous, rustiques habitants de
Thézée qui bénissiez ma présence, dont j'essuyais
les sueurs, adoucissais les misères et soignais les maladies, adieu ; adieu, cabinets paisibles où j'ai nourri
mon esprit de la vérité, captivé mon imagination par
l'étude, et appris, dans le silence de la méditation, à
commander à mes sens et à mépriser la vanité.

DERNIER ADIEU A SA FILLE

A l'approche du jour fatal, contre les menaces grossières qui la pour-
suivent et l'obsident, Mme Roland se fait un rempart du souvenir de tous ceux
qui lui sont chers. Sa dernière pensée est pour sa chère enfant, Eudora. La
femme qui la servait, dans sa prison, racontait à un de ces compagons de
captivité que, devant eux, elle rassemblait toutes ses forces, mais que, dès
qu'ils étaient partis, elle restait quelquefois trois heures appuyée sur la fenêtre à pleurer.

Quoi de plus poignant que la douleur contenue, accusée par cette lettre
d'adieu !

18 octobre 1793.

Je ne sais, ma petite amie, s'il me sera donné de te
voir ou de t'écrire encore. Souviens-toi de ta mère. Ce
peu de mots renferme tout ce que je puis te dire de
meilleur. Tu m'as vue heureuse, par le soin de remplir
mes devoirs et d'être utile à ceux qui souffrent. Il n'y a
que cette manière de l'être.

Tu m'as vue paisible dans l'infortune et la captivité, parce que je n'avais pas de remords, et que j'avais le souvenir de la joie que laissent après elles de bonnes actions. Il n'y a que ces moyens non plus de supporter les maux de la vie et les vicissitudes du sort.

Peut-être, et je l'espère, tu n'es pas réservée à des épreuves semblables aux miennes, mais il en est d'autres dont tu n'auras pas moins à te défendre. Une vie sévère et occupée est le premier préservatif de tous les périls, et la nécessité, autant que la sagesse, t'impose la loi de travailler sérieusement.

Sois digne de tes parents, ils te laissent de grands exemples, et, si tu sais en profiter, tu n'auras pas une inutile existence.

Adieu, enfant chérie, toi que j'ai nourrie de mon lait et que je voudrais pénétrer de tous mes sentiments. Un temps viendra ou tu pourras juger de tout l'effort que je me fais en cet instant pour ne pas m'attendrir à ta douce image. Je te presse sur mon sein.

Adieu mon Eudora !

Mme ROLAND (1754-93).

(Extrait de ses Lettres).

31me RÉUNION

Nous ne croyons mieux faire, pour terminer cette première année de travaux, que de présenter quelques considérations sur l'urgente nécessité, pour nos jeunes filles, de posséder quelques connaissances médicales élémentaires. Il ne saurait être question de les substituer au médecin : mais seulement de les initier :

1° *Aux soins à donner aux membres malades de la famille ;*

2° *A ce qu'elles doivent faire et éviter avant l'arrivée du médecin ;*

3° *A l'observation intelligente et raisonnée du malade, afin de rendre fidèlement compte au médecin de ce qui s'est passé en son absence ;*

4° *A l'application exacte du traitement qui a été prescrit.*

La jeune fille, la femme sont par vocation naturelle, les gardes-malades de la famille. Mais pour cette tâche délicate de bonne volonté et le dévouement ne sauraient suffire : il faut y ajouter quelques connaissances pratiques sur l'*hygiène des malades* et sur le rôle des gardes-malades.

Combien de malades meurent victimes de sots préjugés, de soins inintelligents ! Et la femme, comme la fille, sœur, épouse et mère, n'a-t-elle pas, trop souvent hélas ! de chères santés à rétablir ?

1° *Hygiène des malades.* — Changer de linge les malades, même fiévreux ; — en prenant les précautions voulues (chauffage des linges et de la pièce, bassinage du lit, frictions sèches) pour éviter le saisissement par l'air froid ; — lavages quotidiens de la figure et des mains à l'eau tiède et au savon ; — surveiller en particulier les parasites de la chevelure.

2° *Rôle des gardes-malades.* — Veiller à la propreté, à l'aération et à la température de la chambre du malade (pas plus de 18°). N'y laisser que le moins de meubles possible, pas de tapis, ni de rideaux. Le lit sera placé de préférence au milieu de la pièce, et jamais dans une alcove.

Les aliments ou boissons n'y seront apportés qu'au fur et à mesure des besoins, à moins qu'ils soient dans des récipients bien clos. — A défaut d'un crachoir fermé, on emploiera, pour recevoir les crachats du malade un vase contenant une solution désinfectante (*le crésyl sodique – 10 gr. par litre d'eau – est le moins coûteux et le plus actif désinfectant*).

Les gardes-malades mettront par dessus leurs vêtements une longue blouse et aux pieds des pantoufles qui resteront dans la chambre et seront ensuite désinfectées. Elles ne boiront, ni ne mangeront dans cette chambre, et elles se laveront soigneusement la figure et les mains avec un linge imbibé d'une solution de sublimé (1 p. 1000) avant de quitter l'appartement. Le nettoyage de la chambre se fera soit en répandant sur le plancher de la sciure de bois humide, soit en l'essuyant avec un linge humide imbibé de la solution désinfectante. Les balayures seront brûlées dans le foyer et les liquides utilisés pour les soins de propreté versés dans la fosse d'aisance.

Sur une feuille ou sur un carnet spécial, on notera la température du malade, en se conformant aux indications du médecin ; la marche du pouls, le chiffre des respirations le nombre et l'aspect des gardes-robes, des vomissements et des quintes de toux, etc...

La patience, la douceur unie à la fermeté et le dévouement sont des qualités indispensables pour les gardes-malades.

N. B. — Au cours des visites faites aux malades, l'institutrice ne manquera pas de donner quelques conseils pratiques, et de s'assurer que ces conseils sur les notions théoriques reçues à l'école sont soigneusement suivies ou appliquées.

DICTÉE

Utilité de l'instruction médicale des femmes

L'instruction médicale des femmes les mettra en état de lutter contre l'ignorance, les préjugés, les *menées* sourdes et ténébreuses du charlatanisme qui, sous toutes ses formes, *circonvient* les malheureux qui souffrent. Les médecins auront dans la maison, des auxiliaires précieux qui les aideront à

conserver nos enfants et à en faire des hommes ro-
bustes et vigoureux.

Les femmes ayant reçu cette instruction sauront
nous faire triompher des inoubliables maladies qui
nous guettent dans l'enfance, dans la jeunesse, dans
l'âge mûr, dans la vieillesse ; elles nous aideront à
reculer les bornes de la vie humaine.

Le *biologiste* dans son laboratoire, le médecin au
lit du malade, travaillent à cette grande œuvre,
mais c'est à la femme, qu'est réservé le rôle obscur,
ingrat, mais absolument capital de l'exécution individuelle et pratique des données les plus élevées de
la science : c'est le rôle de la femme de l'avenir.

Dr MASSE.

Extrait de la Gazette des sciences médicales de Bordeaux.

Pensée. — Dans toute femme de cœur, la vocation
de garde-malade est inséparable de la vocation de ménagère.

EXPLICATION DES MOTS EN ITALIQUE

Menées : intrigue secrète pour faire réussir un dessein.

Circonvenir : employer des moyens artificieux pour
tromper quelqu'un.

Biologiste : celui qui étudie la science ayant pour objet l'étude des êtres vivants et des lois de la vie.

GRAMMAIRE ET ORTHOGRAPHE

Homonymes de *vie* (*vis* subst.) ; — personne du verbe *vivre* (indic. prés.)

Justifiez le pluriel ou le singulier de quelques verbes
de la dictée.

QUESTIONS D'INTELLIGENCE

Pourriez-vous indiquer quelques pratiques de charlatanisme en usage dans votre région ?

Pourquoi appelle-t-on le rôle de gardes-malades un
rôle obscur, ingrat, mais absolument capital ?

CALCUL

CAISSE NATIONALE DES RETRAITES POUR LA VIEILLESSE

Le but de cette caisse est de permettre, aux personnes

prévoyantes de s'assurer, pour leur vieillesse, une retraite, au moyen de versements prélevés sur le salaire quotidien.

Ces versements qui varient entre un franc et cinq francs par an sont facultatifs ; ils peuvent être interrompus et repris au gré des déposants, faits dans n'importe quel lieu et au profit de toute personne âgée de 3 ans.

Cette Caisse, placée sous le contrôle de l'Etat, offre toute garantie de sécurité. Elle permet aux pères de famille d'assurer à leurs enfants, pour la fin de leur carrière, une retraite suffisante les mettant à l'abri du besoin.

L'entrée en jouissance de la pension a lieu à partir de 50 ans ; mais si à la suite d'une maladie ou d'un accident, le déposant ne peut plus travailler, il entre immédiatement en jouissance, quel que soit son âge, d'une pension proportionnée à son âge et à ses versements.

Ces versements sont reçus par les Percepteurs et par les Receveurs des Postes. Ils peuvent être faits à capital *aliéné* ou à capital *réservé*. Les versements à capital aliéné sont abandonnés à l'Etat, et la retraite, dans ce cas, est plus élevée ; — les versements à capital réservé, reviennent aux héritiers du titulaire lors de son décès, et, dans ce cas la retraite est moindre.

Le tableau suivant, qu'il sera bon de dicter aux (jeunes filles), permet d'apprécier d'un coup d'œil les importants avantages qu'on peut retirer de cette institution.

RENTE OU PENSION VIAGÈRE ASSURÉE PAR UN VERSEMENT ANNUEL DE **10** FRANCS

Age lors du 1er versement	A CAPITAL ALIÉNÉ				A CAPITAL RÉSERVÉ			
	à 50 ans	A 55 ans	A 60 ans	A 65 ans	A 50 ans	A 55 ans	A 60 ans	A 65 ans
3 ans	110 85	166 05	260 53	438 42	80 24	110 03	185 11	309 16
10 ans	78 89	110 58	189 08	319 95	54 88	82 05	128 27	214 90
20 ans	46 05	71 58	115 30	197 60	30 06	45 88	72 66	122 68
30 ans	24 25	39 83	66 49	116 65	14 67	23 45	38 18	65 51
40 ans	9 99	19 01	34 48	63 57	5 49	10 00	17 59	31 37
50 ans	»	5 51	13 78	29 16	»	2 57	6 08	12 28
60 ans	»	»	»	7 94	»	»	»	2 78

Ces chiffres n'ont rien d'absolu parce que le tarif de ces rentes est fixé tous les ans par décret du Président de la République. Il est toujours prudent d'acheter le tarif officiel (0 fr. 10) ou par poste (0 fr. 15). (*Le demander au Directeur général Caisse des dépôts et consignations, 5, quai d'Orsay, Paris, 7e*).

Les exercices relatifs à ces calculs ne pouvant être faits qu'à l'aide du tarif officiel indiquant la rente viagère produite par chaque franc versé ou par le versement annuel de un franc, à Capital aliéné ou à Capital réservé, l'Institutrice pourra faire au tableau noir le calcul ;

1° de la rente viagère qu'on aurait à un certain âge par un versement annuel :

2° du capital qu'il faudrait verser pour avoir une rente déterminée. (Ces tarifs indiquent comment il faut opérer).

Ainsi une économie de 0 fr. 10, soit 36 fr. par an, faite depuis l'âge de 16 ans, produirait à 50 ans une rente de 139 fr. à capital réservé et 203 fr. à capital aliéné. Et pour avoir 350 fr. de rente à 60 ans, il faudrait verser tous les ans à partir de l'âge de 16 ans, 39 fr. à capital réservé ou 25 fr. à capital aliéné.

DROIT USUEL

FORMULES DE CONGÉ

Le Congé est l'acte par lequel un propriétaire signifie à un locataire son intention de ne pas renouveler le bail ou de ne pas continuer la location verbale, — et réciproquement.

Lorsque le propriétaire, le locataire ou le fermier sont d'accord pour faire cesser une location, ils ont tout intérêt, l'un et l'autre, à se donner réciproquement congé à l'amiable sur feuille de papier timbré de 0 fr. 60, afin d'éviter les frais d'une signification faite par ministère d'huissier.

MODÈLE DE CONGÉ DONNÉ PAR LE PROPRIÉTAIRE

Je soussigné, Laurent Boiron, domicilié à Langogne (Lozère) déclare donner congé, à partir du premier mai prochain, à Mademoiselle Louise Grand, pour les deux pièces que je lui ai louées au premier étage de ma maison d'habitation, sise dans la Grand'rue.

Fait double à Langogne le vingt février mil neuf cent onze.

L. BOIRON.

MODÈLE DE CONGÉ DONNÉ PAR UNE LOCATAIRE

Je soussignée Louise Grand, couturière, locataire de deux pièces dans l'immeuble appartenant à Monsieur Laurent Boiron, à Langogne (Lozère) Grand'rue, déclare par le présent acte au propriétaire du dit immeuble que je cesserai ma location à partir du premier mai prochain.

Fait en double à Langogne le vingt février mil neuf cent onze.

Louise GRAND.

ÉCONOMIE DOMESTIQUE

TROUSSEAU DE LA JEUNE FILLE

Dès qu'une jeune fille commence à gagner, elle doit se préoccuper de se constituer un trousseau :

1° parce que la dignité lui commande de se suffire à elle-même aussitôt que possible ;

2° parce qu'elle s'habitue ainsi à l'économie et à la prévoyance ;

3° parce qu'en échelonnant pendant 3, 4 ou 5 ans, cette dépense, elle est moins onéreuse ;

4° enfin parce que la confection du trousseau prédispose bien en faveur de la jeune fille.

L'Institutrice expliquera comment, par de petites économies, proportionnées au salaire, et commencées de bonne heure, on arrive insensiblement à avoir un trousseau plus ou moins complet.

Dicter aux jeunes filles le tableau suivant qui pourra leur servir de guide dans la confection du trousseau, et leur laisser calculer les totaux de la dernière colonne.

Nature des articles	Largeur ordinaire de l'étoffe	Nombre de mètres	Prix du mètre	Prix total	Observations
6 paires draps toile	1ᵐ 10	72ᵐ (1)	1 50	108 00	(1) 6ᵐ par drap.
4 id. coton	1 10	36ᵐ (1)	1 00	36 00	
6 taies d'oreiller cretonne	0 75	9ᵐ (2)	0 90	8 10	(2) 1ᵐ 50 par taie.
1 douzaine chemises toile	0 80	30ᵐ (3)	1 25	37 50	(3) 2ᵐ 50 par chemise.
1/2 id. id. cretonne	0 80	16ᵐ	0 80	12 80	
1 id. id. coton	0 80	30ᵐ	0 60	18 00	
6 pantalons cretonne	0 80	10ᵐ 50	0 70	7 35	
6 camisoles cretonne	0 80	15ᵐ	0 80	12 00	
6 camisoles laine	Se vendent ordinairement		3 50	10 50	
3 id. coton	toutes confectionnées la pièce		1 75	5 25	
3 flanelles	0ᵐ 80	4ᵐ 50 (5)	1 80	8 10	(5) 1ᵐ 50 par flanelle.
6 paires bas laine	»	»	1 50	9 00	
6 id. coton	»	»	1 00	6 00	
3 jupons blancs	0 80	10ᵐ 50 (4)	0 80	8 40	(4) 3ᵐ 50 par jupon.
3 jupons piqués	0 70	7 90 (4)	2 00	11 00	
2 jupons coton couleur	0 80	7 90 (4)	0 80	5 60	
6 cache-corset calicot	0 80	9	0 70	6 30	
1 douzaine mouchoirs toile	»	la douzaine	6 00	6 00	
1 douzaine mouchoirs coton	»	id.	3 50	3 50	
6 tabliers cuisine	1ᵐ	6ᵐ	1 25	7 50	
1 douzaine 1/2 serviettes table	0 70	16 50	0 90	14 85	
1 id. serviettes toilette	0 65	16 50	0 60	9 90	
2 douzaines torchons	0 65	22ᵐ	0 70	15 40	
3 nappes	1 50	6ᵐ	3 00	18 00	
Prix total non compris la façon.				388 05	

*N. B. — Dans beaucoup de villes les magasins fournis-
sent des devis de trousseau dont on   peut s'inspirer, pour
arrêter à l'avance, suivant les ressources dont on dispose,
la liste des objets qui doivent le composer.*

32ᵉ RÉUNION

LECTURE

L'Epave (*Poésie à dire*)

Devant la mer, assis au seuil de leur maison,
La veuve du marin et son jeune garçon
Sont en deuil. Hélas ! l'équinoxe d'automne
A fait d'affreux malheurs sur la côte bretonne ;
Et c'est pourquoi, rêveurs devant le ciel du soir,
Cette femme et son fils sont habillés de noir.
Ah ! dans ce lac paisible où, sous la brise fraîche,
Viennent de s'éloigner les flus bâteaux de pêche
Dont les voiles, là-bas, blanchissent dans le ciel,
Nul ne reconnaîtrait cet Océan cruel
Qui, l'an dernier, pendant la grande marée haute,
En un jour, a broyé vingt barques sur la côte.
Et, parmi tant de deuil dont le pays est plein,
A navré cette femme et fait cet orphelin.

Le ciel peut être pur, la mer peut être belle,
La veuve du marin est sombre et se rappelle
L'effroyable tempête où son homme a péri.

— « C'est aussi de sa faute, à mon pauvre mari !
Dit-elle en soupirant à son fils qui l'écoute.
Il faut porter secours aux malheureux, sans doute,
Et nul ne l'a plus fait que mon brave Mathieu.
Mais affronter ainsi la mort, c'est tenter Dieu !...
On n'avait jamais vu de pareille marée.
Ton père était chez nous, sa barque était rentrée ;
Il disait, en mangeant sa soupe : — Il faut qu'on soit
« Maudit pour être en mer par ce vent de noroit ! »
Après dîner, Mathieu prend sa pipe et l'allume,
Et va fumer dehors, comme il avait coutume.

Là, malgré le gros temps, ils étaient quelques uns
Qui regardaient sauter et mousser les embruns,
Quand, tout à coup, voilà que mon homme remarque,
Du côté des rochers Saint-Pierre, un trois-mâts-barque...
Doux Jésus ! Ce ne fut pas long. En un clin d'œil,
Le malheureux navire échoua sur l'écueil.
— « Un canot ! dit Mathieu... J'étais épouvantée ;
Les autres lui montraient cette mer démontée
Et la lame en fureur qui crachait des galets.
« Un canot, répétait ton père. Sauvons-les !
» Un canot à la mer, ou nous sommes des lâches !
« Le mien, si vous voulez, car aux plus rudes !âches
« Il est bon, il ne craint ni le flot ni le vent,
« Et je l'ai baptisé d'un beau nom : » En avant !... »
Ah ! les hommes sont fous, mon Tiennot !... Ils partirent.
Et tous ont péri, tous... A l'heure où se retirent
Les vagues, tu m'as vue aller, tout cet hiver,
Chaque jour, aussi loin que va la basse mer.
Mais l'Océan qui meurt à mes pieds et les lave
N'a jamais rejeté la plus petite épave
Pas plus du grand trois-mats que du pauvre canot...
O mon mignon chéri ! Pauvre petit Tiennot !
Ne vas plus sur la mer... tu sais, j'ai ta promesse...
Monsieur le recteur t'aime et tu lui sers la messe ;
Il t'apprend l'écriture... Eh bien, c'est ton destin,
Tu deviendras un prêtre et parleras latin.
Et puis, loin de ces flots dont le bruit m'épouvante,
Quand tu seras curé, je serai ta servante.
Ne te fais pas marin !... D'ailleurs, tu m'as promis... »

L'enfant se tait. Il songe à ses petits amis,
A ces gamins qu'il voit, dès que le matin brille,
A bord d'une chaloupe, aller à la godille,
Tandis qu'il n'ose plus le craintif orphelin,
Pousser un aviron ni nouer un grelin.
Il a promis, il veut obéir à sa mère.
Mais, lorsque le curé, refermant sa grammaire,
Lui dit : « Va-t'en jouer ! » et qu'il est libre enfin,
Troussé jusqu'aux genoux et sur le sable fin
Marchant pieds nus, il court bien vite sur la grève,
Et le fils du marin cherche à tromper son rêve.

. . . .
Mais le temps passe. Encore un équinoxe affreux !
Et les marins du port, un jour, causant entre eux,
Tout comme l'an dernier, sur la mer en délire,
Viennent de signaler un malheureux navire
— Un brick, cette fois-ci, — qui touche le récif.
A chaque lame, il fait ce sursaut convulsif
Qu'on pouvait appeler le râle du naufrage.

— « Un canot à la mer ! des hommes de courage ! »
Dit quelqu'un. Aucun d'eux n'a pu, certes, oublier
Les camarades morts de l'automne dernier ;
Mais voilà qu'on entoure une barque et qu'on l'arme.
La mère de Tiennot est là, pleine d'alarme,
Elle étreint son garçon et lui redit tout bas :
— « Tu sais, tu me l'as bien promis... tu n'iras pas ! »
Et, les yeux dilatés et se mordant la bouche,
L'enfant ne répond rien et regarde, farouche,
Les braves compagnons qui parent le bateau.
Tout à coup, une lourde et sombre masse d'eau
S'écroule avec fracas, couvrant tout de sa bave,
Et devant l'orphelin elle jette une épave,
Une planche pourrie et rongée où l'enfant
A déjà distingué ces deux mots : En avant !
L'Atlantique a tiré du fond de son repaire
Ce débris de bâteau. C'est un ordre du père !
Les sauveteurs sont prêts ; ils poussent leur canot ;
Et, s'arrachant des bras de sa mère, Tiennot
Saute auprès d'eux, saisit à la hâte une rame...
Et les voilà partis avec l'énorme lame !

Comme on les suit des yeux ! Hardi, là ! Comme ils vont !
Sainte Vierge ! voyez cette lame de fond...
Ils ont chaviré... Non ! le canot se redresse...
Il va toucher, il touche au navire en détresse...
Il était temps, le brick se penche à faire peur...
Ils reviennent déjà... Voilà des gens de cœur !
Qu'ils sont chargés ! Ils ont de l'eau jusqu'au bordage.
— « Combien en avez-vous sauvés ? — Tout l'équipage !
— Hurrah ! — Vite ! jetez une corde... Aidez-nous... »
Et tandis que, joyeux, sautent sur les cailloux

Sauveteurs et sauvés, parmi l'écume amère,
Le brave enfant Tiennot dit à sa pauvre mère,
Qui de ses bras brisés l'entoure en sanglotant :
— « Maman ne gronde pas... Le père est si content ! »

F. Coppée. (1842-1900).

(Lemerre, édit.)

ANNEXES

à la

Première Année d'Education et d'Enseignement Postscolaires

DES JEUNES FILLES

§ I.

A la campagne, chaque école de filles devrait avoir une Petite Pharmacie

A la ville, médecins et pharmaciens sont à la disposition des malades ; à la campagne, il n'en est pas de même. Aussi croyons-nous que les institutrices — et même les instituteurs — habitant des localités dépourvues de médecins et de pharmaciens, ont tout intérêt à constituer dans une école, avec l'aide pécuniaire des familles — au moyen d'une souscription ou d'une fête scolaire, par exemple, — une de ces petites pharmacies de campagne, renfermant les médicaments nécessaires aux premiers soins, en cas d'accident.

Ce n'est pas là le côté le moins intéressant du rôle social que nous devons avoir à cœur de remplir, chacun dans notre milieu. Et nous savons qu'avant la laïcisation des écoles publiques, l'organisation, souvent injustifiée de ces pharmacies populaires, fut âprement exploilée et aboutit, sur bien des points, aux plus fâcheux abus.

Notre petite pharmacie, doit répondre à un triple objet :

1° Permettre de soulager les indispositions passagères ;

2° Faire un premier pansement, en cas d'accident ;

3° Faciliter au médecin les médications urgentes dont l'application tardive pourrait avoir de sérieuses conséquences pour le malade.

Les médicaments composant cette pharmacie seront étiquetés soigneusement et rangés dans une vitrine, dans un placard ou dans une boîte spéciale. L'important est que ces produits ne soient pas laissés à la portée des enfants ou des personnes inexpérimentées : l'institutrice ou l'instituteur auront seuls le droit d'ouvrir, de fermer vitrine, placard ou boîte, et de distribuer les médicaments nécessaires.

L'importante *Pharmacie Centrale des Lombards* a bien voulu, sur notre demande, établir la composition suivante d'une de ces pharmacies de campagne, à des prix particulièrement réduits.

PETITE PHARMACIE DES CAMPAGNES

fournie par la Pharmacie Centrale des Lombards
50, rue des Lombards, Paris, (1er)

I. Médicaments internes

1. *Antifébriles.* — 1 boîte de 12 cachets d'antipyrine à
0 gr. 25 et à 0 gr. 50...................... 1 fr. »»
1 boîte de 12 cachets de sulfate de quinine
à 0 gr. 25 et à 0 gr. 50...................... 1 fr. 25

2. *Antidiarrhéiques.* — 1 boîte de 10 cachets
salycilate de bistmuth à 0 gr. 50........... 0 fr. 75
1 flacon de 20 grammes de Laudanum..... 1 fr. »»

3. *Antinerveux* (calmants) 1 flacon de 120 gr.
sirop de chloral .... 1 fr. »»
1 flacon de 30 gr. éther sulfurique.......... 0 fr. 50

10 paquets de 1 gr. bromure de potassium.   0 fr. 50
Antipyrine, sulfate de quinine et Laudanum
déjà indiqués, Fleurs de tilleul et d'oranger.
4. *Purgatifs.* — 10 paquets calomel à 0 gr. 20.   0 fr. 50
1 flacon de 125 gr. huile de ricin............   0 fr. 70
1 boite de 100 gr. sulfate de soude........   0 fr. 25
1 flacon de 30 gr. magnésie calcinée.......   0 fr. 40
5. *Vomitifs.* — 10 paquets ipéca à 0 gr. 25....   0 fr. 75
10 paquets tartrate d'antimoine à 0 gr. 05..   0 fr. 50
1 flacon de 50 gr. alcoolat de menthe......   0 fr. 60

II. Médicaments externes

1. *Brûlures.* — 1 flacon de 150 gr. d'une solution d'acide picrique......................   0 fr. 50
2. *Douleurs.* — 1 boite de 10 sinapismes Ri-
gollot....................................   1 fr. »»
3. *Hémorragies.* — Amadou..................   0 fr. 40
1 flacon de 12 gr. perchlorure de fer........   0 fr. 50
4. *Piqûres.* — 1 flacon de 20 gr. ammoniaque
liquide...................................   0 fr. 30
1 flacon de 30 gr. teinture d'iode...........   0 fr. 70
1 flacon de 50 gr. essence de térébenthine..   0 fr. 40
5. *Plaies.* — 1 rouleau baudruche gommée....   1 fr. »»
1 boite 150 gr. acide borique..............   0 fr. 25
1 flacon de 150 gr. alcool camphré.........   0 fr. 90
1 paquet de 500 gr. ouate hydrophile.......   1 fr. 50
10 mètres tarlatane......................   1 fr. 50
250 gr. vaseline boriquée..................   1 fr. 20

Conserver les bandes de vieille toile pour pansements,
bandages, etc...

*N. B. — Demandez à la pharmacie, en faisant la com-
mande, de vouloir bien indiquer sur chaque paquet ou sur
chaque flacon, le mode d'emploi.*

*Le catalogue général de la Pharmacie des Lombards est
envoyé gratuitement sur demande affranchie.*

§ II.

Une Bibliothèque populaire pour jeunes filles, dans chaque école de Filles

Ainsi que nous l'avons dit dans notre *Avant-Propos*, la création d'une Bibliothèque populaire, dans chaque école de filles, nous paraît être le complément indispensable d'une œuvre postscolaire effective.

Utilité. — Sans insister sur les importants avantages de cette création, nous nous contenterons de dire qu'une Bibliothèque populaire composée d'œuvres littéraires, intéressantes et irréprochables au point de vue moral, permet d'étendre l'influence de l'école jusque dans les familles et d'établir une sorte de lien bienfaisant entre celle-là et celle-ci. La lecture n'est-elle pas d'ailleurs le meilleur moyen d'entretenir et d'augmenter les connaissances acquises sur les bancs de l'école, surtout en orthographe et en français ? La lecture des bons livres, mis aussi à la portée de tous, ne sera-t-elle pas aussi un excellent moyen d'enrayer le flot de plus en plus menaçant des publications malsaines ? Nos institutrices croient-elles enfin que ces créations leur permettant de rester, hors de l'école, de précieux agents de culture intellectuelle et morale, leur autorité ne s'en trouvera pas accrue ?

Création. — Mais la première, et souvent hélas ! la grosse difficulté à vaincre, au moment de tenter cette création. est la nécessité de réunir les ressources pécuniaires indispensables pour l'achat des ouvrages.

Voici un moyen qui nous a donné des résultats assez satisfaisants :

1º Solliciter, par lettre, une souscription des personnes, amies de l'école, que les hasards de la vie ont éloignés du pays natal et occupant à la ville ou à l'étranger une situation assez aisée ;

2º Adresser une demande semblable au conseiller d'arrondissement, conseiller général, député et sénateur (suivant le cas) ;

3º Informer les grands éditeurs du projet de création

d'une Bibliothèque populaire et faire appel à leur générosité bien connue pour les œuvres de ce genre en leur demandant quelques volumes intéressants ;

4° Ouvrir une souscription dans le hameau, village ou ville habité, dès que les premières démarches auront donné un bon résultat ;

5° Demander une subvention au Conseil municipal et au Conseil général s'il y a lieu ;

6° Adresser, par voie hiérarchique, une demande de concession à M. le Ministre de l'Instruction publique.

Les fonds ainsi réunis seront d'abord employés à l'achat d'ouvrages qu'on choisira parmi les plus intéressants, et dont la liste devra être approuvée par l'Inspecteur d'Académie du département. On n'oubliera pas que le succès d'une fondation de ce genre dépend le plus souvent de ce premier choix d'ouvrages.

En attendant qu'on puisse acheter une armoire-bibliothèque destinée à recevoir les ouvrages, on les installera sur une étagère, dans une salle de classe, ou même, au besoin, dans les appartements réservés au logement personnel de l'institutrice.

Pour les achats d'ouvrages on pourra s'adresser soit à la maison d'édition adjudicataire pour les bibliothèques populaires — dont l'adresse pourra être donnée par l'Inspecteur primaire ; — soit à l'une des librairies suivantes :

Ligue de l'enseignement, 14, rue J.-J. Rousseau, Paris.
Société Franklin, 1, rue Christine, Paris.
Librairie de « Pages libres » 37, rue de Constantinople, Paris (8e),

Le plus simple, et le plus prudent à la fois, est de s'adresser à divers fournisseurs, en leur demandant d'établir un projet de facture pour la fourniture des ouvrages que l'on indiquera. La préférence sera donnée à celui qui fera les meilleures conditions.

Nous croyons inutile d'insister maintenant sur la nécessité de tenir régulièrement et soigneusement les registres suivants :

1° Le catalogue des livres de la bibliothèque ;

2° Le registre des recettes et des dépenses ;

3° Le registre des prêts.

Nous préférons donner un modèle de règlement qu'on pourra modifier suivant les besoins de chaque milieu ; quelques renseignements sur les formalités à remplir pour obtenir la capacité juridique aux Bibliothèques populaires, et enfin quelques titres d'ouvrages méritent d'être particulièrement recommandés.

RÈGLEMENT

pour le fonctionnement de la Bibliothèque

Article premier. — La Bibliothèque populaire de ....est ouverte les (jour d'ouverture) de....à.... (indiquer les heures d'ouverture).

Art. 2. — Les lectrices pourront emporter à domicile des livres *gratuitement (ou moyennant un droit de cinq centimes par ouvrage ou par mois).*

Art. 3. — Il ne sera jamais prêté — sauf pendant les mois de.... (les indiquer) — ; pour être emportés à domicile, plus d'un volume ; chaque volume ne pourra être gardé plus de 15 jours.

Art. 4. — Tout livre égaré, souillé ou détérioré sera remplacé aux frais de l'emprunteur ou une amende lui sera infligée en proportion du dégât commis.

Art. 5. — Le choix des livres à acheter sera arrêté, tous les ans, dans le courant du mois d'octobre, par un comité composé de trois membres : l'institutrice publique et deux jeunes filles (*ou une jeune fille et une mère de famille*) choisies par celles qui auront assisté régulièrement, dans le courant de l'année précédente, aux réunions postscolaires.

Ce comité, élu dans la première quinzaine d'octobre, sera nommé pour trois ans.

Art. 6. — Les dispositions du présent règlement seront affichées dans le local où sera installée la Bibliothèque populaire, et toute personne qui ne s'y conformera pas sera exclue du bénéfice des prêts.

(Date et signature des membres du Comité).

***

FORMALITÉS A REMPLIR

Pour acquérir la capacité juridique prévu par l'art. 6 de la loi du 1ᵉʳ Juillet 1901.

Aucune autorisation préfectorale ou autre n'est nécessaire pour faire bénéficier la Bibliothèque populaire de la capacité juridique, une simple déclaration suffit ; les fondateurs adresseront à la préfecture du département ou à la sous-préfecture de l'arrondissement et, pour le département de la Seine, à la préfecture de police, sur papier timbré à 0 fr. 60, une déclaration, avec dépôt de pièces, qui peut être ainsi conçue :

MONSIEUR LE PRÉFET,

ou MONSIEUR LE SOUS-PRÉFET,

J'ai l'honneur de vous adresser la déclaration visée à l'article 5 de la loi du 1ᵉʳ juillet 1901, à l'effet d'obtenir pour la Société de (Titre de la Société) *la capacité juridique prévue par l'article 6 de la même loi.*

Objet.........

Siège social...

Noms, profession et domicile des personnes chargées de l'administration et de la direction de la Bibliothèque populaire.

Je joins à la présente déclaration une copie du règlement en double exemplaire sur papier timbré.

Je vous prie, Monsieur le Préfet, de vouloir bien me

délivrer récépissé de la présente déclaration et des pièces qui y sont jointes.

Un extrait de la déclaration doit être insérée au *Journal Officiel* dans le mois : cet extrait étant payant (*trois francs la ligne*), il importe qu'il soit aussi bref qué possible afin d'éviter des frais. Le règlement d'administration publique n'exigeant au surplus que la date de la déclaration, le titre, l'objet et le siège social de l'Association, l'extrait peut être ainsi conçu :

L (titre de la Société) *siégeant à* (n'indiquer que la ville, il est inutile de mettre la rue) *déclaré le* (date du récépissé) *objet* : (inutile de reproduire tel qu'il est dans les statuts, d'autant plus que le titre indique souvent l'objet. On peut le résumer en deux mots : lecture, éducation)

CHOIX D'OUVRAGES
pour Bibliothèques populaires de Jeunes filles

LIBRAIRIE ILLUSTRÉE - Jules TALLANDIER, Éditeur
PARIS — 75, Rue Dareau, 71 — PARIS

COMTESSE LUTECIA..	Conquête et culture de la beauté chez la Femme..........	2 »»
PARISETTE DU FIZARS	Le Protocole mondain (reliure à l'anglaise)........	3 50
GEORGES RIGNAL.....	La vie telle qu'elle est, comment il faut la prendre...	2 »»
id.	Comment la femme peut gagner sa vie..............	2 »»
id.	La Femme telle qu'elle doit être....................	2 »»
Grande encyclopédie des jeux — Tome I.........		4 »»
— Tome II........		4 »»
Le Trésor de la vie pratique, indispensable à tous		4 »»

LE RÉVEILLE-MÉMOIRE

Petite encyclopédie de poche, 20.000 renseignements sous la main, classés par ordre alphabétique, un volume in 18, reliure souple...................... 1 75

LES ROMANS MYSTÉRIEUX
(chaque volume 3 fr. 50)

FARGUS HUME..	— L'ombre mystérieuse.
QUILLET COUCH.	— Le Rocher du Mort.
CHARLES FOLUG.	— La chambre au Judas.
A. GALOPIN....	— La ténébreuse affaire Green Park.
H. R. WASTYA..	— Monsieur Pinson policier.
A. K. GREEN...	— La main et la Bague.
id.	— Lequel des trois.
BH. OPPENHEINE	— Le Complot (préface de Jh. Rosuy jeune).
E. W. HORNUMG	— Frank Rattray, gentleman aventurier.

BIBLIOTHÈQUE LISEZ-MOI *(à 95 cent.)*

ANDRÉ THEURIET, de l'Académie française	— Deux sœurs.
JULES MARY.......	— Je t'aime.
ED. LEPELLETIER...	— Madame Sans-Gêne.
FERNAND LAFARGUE	— Les Ouailles de l'abbé Fargas.

Ces volumes sont envoyés franco contre mandat-poste de leur valeur.

A. LEMERRE, éditeur, 23, *passage Choiseuil, Paris* (2ᵉ)

Mᵐᵉ ADAM.........	Le roman de mon enfance et et de ma jeunesse.........	3 50
L. ANDRÉ........	La Fille de Vercingétorix.....	3 50
J. BELLANGER ...	Une héroïne champenoise.....	3 50
F. COPPÉE........	Henriette................	3 50
id.	Contes en prose..............	3 50
id.	Contes pour les jours de fête..	3 50
A. DAUDET......	Lettres de mon moulin........	6 »»
id.	Contes du lundi..............	6 »»
DAVID LESUEUR..	Marcelle	3 50
Mᵐᵉ S. MEUNIER.	Aimer ou vivre.............	3 50
id.	Le trésor de Ponthierry.......	3 50
E. GOUVILLON ...	Jean de Jeanne.............	3 50
J. ROBERT	Lettres d'un enfant (1ʳᵉ série)..	3 50
A. THEURIET....	L'Oncle Scipion.............	3 50
id.	Chanteraine	3 50
id.	Bigarreau	3 50
id.	Contes pour les jeunes et les vieux	9 »»
id.	Contes pour les soirs d'hiver...	9 »»
id.	Colette	3 50
PAUL JUNKA....	Gracieuse	3 50
COMTE D'OLLONE.	Sœur Marie Odile............	3 50
JULES BRETON...	La vie d'un artiste...........	3 50

(*Demandez le catalogue des pièces de théâtre, monologues, etc... pour fêtes, soirées, etc...*)

Ch. DELAGRAVE, éditeur, 15, *rue Soufflot, Paris* (5ᵉ)

H. BESANÇON....	Raton (souvenirs d'une provinciale................	3 50
M. MARION......	Heurs et Malheurs..........	3 50
B. NEULIÈS......	L'idée de Ghislaine.........	3 50
B. MULLER......	La Mionette...............	3 50
P. DEBAY	Cousine Sidonie............	3 50
J. DES GACHONS..	Rose ou la Fiancée de province	3 50
M. NERVAT......	Histoire de Janine..........	3 50
P. ROLAND	La Fille des Boërs..........	2 30
Ag. GEORGES	Contes de mon oncle Paterne.	2 30

BLOCH.............	Les mères des grands hommes	2 »»
id.	Épouses et sœurs............	2 »»
H. BESANÇON....	Pendant la veillée.............	1 60
Mᵐᵉ AMÉRO.......	Au soleil d'Alsace...........	1 60
id.	Le vœu de Thérèse...........	1 60
FRÉNAIE.........	Frères de cœur...............	1 60
HUREL..........	La fée Cévénole.............	1 60
M. MUSSAT......	Sans Foyer.................	1 60
L. RATISBONNE..	Les petites femmes...........	1 50
PIFFAULT.......	La femme de foyer...........	3 50

*(Demander les conditions spéciales d'installation de
Bibliothèque populaire — armoire livres, registres, reliure, etc...)*

———

E. FASQUELLE, éditeur, *11, rue de Grenelle, Paris.*

J. CLARETIE.....	Le mariage d'Agnès..........	3 50
F. FABRE.......	Les Courbezan...............	3 50
id.	Mon oncle Célestin..........	3 50
id.	Xavière....................	3 50
G. LECOMTE.....	L'espoir...................	3 50
E. LE ROY.......	Le moulin du Frau..........	3 50
H. MALOT.......	Micheline..................	3 50
id.	Sans famille (2 vol. chacun)...	3 50
Mᵐᵉ S. MEUNIER.	Les 3 amoureux de Gertrude..	3 50
E. POUVILLON...	Jep.......................	3 50
J. SANDEAU.....	Madeleine.................	3 50

Nouvelle Collection à 2 fr. 50 le volume

F. CALMETTES...	Sœur aînée.................	2 50
F. FABRE.......	L'abbé Roitelet.............	2 50
J. LEROY.......	Le roman d'Arlette..........	2 50
A. MULÉ........	La Guérite.................	2 50
Mᵐᵉ NAUTEUIL...	Violette Deschamps..........	2 50
G. DE PEYREBRUNE	Giselle....................	2 50
A. THEURIET....	Le bracelet de turquoise......	2 50
A. VALDÈS......	La fille des Grèves..........	2 50

———

HACHETTE et Cie, éditeurs

79, boulevard Saint-Germain, Paris.

A. Dourliac	Le supplice d'une mère........	3	50
id.	Liette	3	50
Q. Fleuriot.....	Tombée du nid..............	2	»»
id.	La clef d'or	2	»»
id.	La Rustaude................	2	»»
Chabrier-Rieder	Toute seule	3	»»
Colomb.........	Franchise..................	3	»»
id.	Mandarine.................	3	»»
C. Mael	La fille de l'Aiguilleur	3	»»
id.	La pupille du trombonne	3	»»
id.	Le secret du gouffre..........	3	»»
G. Toudouze	La sorcière du Vésuve........	3	»»
Demoulin.......	Les Françaises illustres......	4	50
Dronzart.......	Les grandes voyageuses......	3	»»
H. de Charlieu .	La Marseillaise..............	3	»»
Le Goupils......	Les filles du pionnier........	3	»»
Manzoni........	Les fiancés.................	3	»»
Stany..........	Jeanne la Rousse............	3	»»

(Demander le Catalogue de la collections des romans, mémoires, etc... à 1 franc le volume).

J. HETZEL, éditeur, 18, rue Jacob, Paris (6e)

Bentzon........	Geneviève Delmas............	3	»»
L. Biart........	Entre Frères et Sœurs........	3	»»
Mme Boissonas ..	Une famille pendant la guerre de 1870-71............	3	»»
E. Chatrian	Madame Thérèse.............	3	»»
id.	L'Invasion..................	3	»»
id.	Les deux frères.............	3	»»
A. Laurie	Gérard et Colette............	3	»»
E. Legouvé	Epis et Bleuets..............	3	»»
J. Sandeau......	La Roche aux Mouettes.......	3	»»
P. J. Stahl	Maroussia	3	»»
id	Les 4 filles du Dr Marsch.....	3	»»

J. VERNE..........	Face au drapeau.............	3 »»
id.	Cinq semaines en ballon......	3 »»
id.	Le Volcan d'or..............	3 »»
id.	Voyage au centre de la terre..	3 »»
id.	Michel Strogoff, 2 vol. chacun.	3 »»
id.	Le Tour du Monde en 80 jours	3 »»

(Demander le Catalogue des pièces de théâtre pour soirées et fêtes populaires).

F. JUVEN, éditeur, *13. rue de l'Odéon, Paris.*

L. BARRACAUD...	Servienne..................	2·50
M. BARRÈS......	Colette Baudoche............	3.50
G. GUITTON......	Le Fléau...................	3 50
GYP	Sœurette...................	3 50
HERVILLY.......	Seule à 13 ans..............	2 50
KELLER.........	Sourde, muette, aveugle......	3 50
Mme LEROY......	Ames vaillantes.............	3 20
MAINARD........	L'héritage de Marie Noël.....	2 50
id.	Cousine d'Amérique..........	2 50
MARANZE	Une héroïne de 16 ans........	2 50
E. PECH	Le roman de Colette..........	4 50
id.	Une vaillante...............	3 20
Mme PÉRONNET...	Par vanité.................	5 50
M. PRÉVOST.....	Lettres à Françoise	3 50
SPOLL	Les épreuves d'un fils........	3 30
TALBOT.........	Blanche et bleue (histoire de deux jeunes filles).........	4 30
id.	Périlleuse aventure	5 50
SOBOL	Pierre et Gertrude...........	1 90

(Demander la notice de la Bibliothèque choisie et les conditions spéciales pour les Bibliothèques).

PLON-NOURRIT, éditeurs, *8, rue Garancière, Paris (6ᵉ)*

G. BEAUME......	Les Vendanges..............	3 50
P. BONHOMME....	Les demoiselles de la poste.·.	3 50
H. BORDEAUX....	Les Roquevillard............	3 50
id.	La robe de laine.............	3 50

E. Bouloc	Les Pages	3 50
F. Calmettes	Brave fille	3 50
Edgy	La servante	3 50
H. Gréville	Dosia	3 50
id.	Angèle	3 50
id.	La fille de Dosia	3 50
id.	Aurette	3 50
E. Le Maire	Le rêve d'Antoinette	3 50
E. Moselly	Le rouet d'ivoire	3 50
A. Noël	Histoire de Gervaise	3 50
id.	Mon prince charmant	3 50
E. Richebourg	Les soirées amusantes (en 12 vol, à 0 fr. 75 chacun).	
P. Margueritte	Ma grande	3 50
id.	Zette	3 50
Thélen	La Mésangère	3 50
J. Vincent	Vaillante	3 50

REVUES

pour Jeunes Filles et Divers

Les Annales Politiques et Littéraires et le Journal de l'Université des Annales 51, *rue Saint-Georges, Paris*
Fémina........*90, avenue des Champs Elysées, Paris* (8e).
Je sais tout..... id. id.
Femina-Bibliothèque id. id.

(Demander notice spéciale).

La Vie heureuse et la Mode Pratique......... ⎫
La Corbeille à ouvrage......... ⎬ *HACHETTE,* *79, boulevard Saint-Germain, Paris.*
Les Lectures pour Tous......... ⎭

(Demander notice et numéro spécimen).

DIVERS

Y. EURAND .... La petite Gratienne, roman... 3 50
E. FIGUIÈRE, 7, rue Corneille, Paris (6e)

P. LENGLÉ ...... Guillaumette, roman.......... 3 50
Librairie Universelle, 33, rue de Provence, Paris.

R. BAZIN .... Ma tante Giron.............. 3 50
   id.   La Terre qui meurt 3 50
E. LE ROY ...... Jacques le Croquant.......... 3 50

CALMANN-LÉVY, éditeurs, 3, rue Auber, Paris.

(Demander le Catalogue des pièces de théâtre et de la nouvelle collection illustrée de romans à 0 fr. 95).

A. DELPIT........ Disparu...................... 3 50
A. LAVERGUE.... Tantounette.................. 3 50
E. POUVILLON ... Mademoiselle Clémence ...... 2 »»

P. OLLENDORFF, éditeur, 50, rue de de Chaussée d'Antin, Paris (9e)

(Demander le catalogue du théâtre de campagne, des pièces de théâtre, monologues, etc.. et la collection des grands romans à 1 franc).

A. PICARD, éditeur, *18 et 20, rue Soufflot,* Paris (5e)

DÉCORATION

des Ecoles et de la Famille par les chefs-d'œuvre des Musées nationaux.

Collection de 6 sujets sur belle carte couchée avec fond teinte chine et belles marges

FORMAT n° 3 \ Le tableau en feuille.............. 2 »»
  65 ✕ 100   / Collé sur carton avec œillets........ 3 »»
Devoirs des Enfants. J. B. GREUZE *L'Accordée du Village.*
(Musée du Louvre).

Maîtres et Serviteurs LHERMITTE *La paye des Moissonneurs.*
(Musée du Luxembourg).

Devoirs des Nations entre elles PILS............ *Rouget de l'Isle chantant la Marseillaise.*
(Musée du Louvre).

Le Service Militaire. DETAILLE .... *Le Rêve.*
(Musée du Louvre).

Le Patriotisme..... A. VINCHON *Enrôlements Volontaires.*
(Musée de Versailles).

La Guerre .... A DE NEUVILLE *Bataille de Champigny,*
(Musée de Versailles).

Les mêmes, petit format n° 2. — 32 × 50. Les 6 tableaux en feuilles .... 2 »»

FORMAT n° 1 : 16 × 25. — La Collection de 10 sujets .   1 50

La Mère .... BROUILLET ...... *La Vie Simple.*
(Musée du Petit Palais).

Devoirs des Enfants. J. B. GREUZE *L'Accordée du Village.*
(Musée du Louvre).

Maîtres et Serviteurs. LHERMITTE *La paye des Moissonneurs.*
(Musée du Luxembourg).

Le Travail..... DUVERGER *Le Laboureur et ses enfants.*
(Musée du Luxembourg).

La Charité.......... A. COT.......... *Mireille.*
(Musée du Luxembourg.

Le Patriotisme... A. VINCHON *Enrôlements Volontaires.*
(Musée de Versailles).

— ...... DAVID .. *Le Serment des Horaces.*
(Musée du Louvre).

Devoirs des Nations entre elles PILS............ *Rouget de l'Isle chantant la Marseillaise.*
(Musée du Louvre).

Le Service Militaire.. DETAILLE .... *Le Rêve.*
(Musée du Louvre).

La Guerre .... A. DE NEUVILLE . *Bataille de Champigny,*
(Musée de Versailles).

(Une Notice détaillée est envoyée franco sur demande).

TABLE DES MATIÈRES

DE LA

Première Année d'Éducation et d'Enseignement Postscolaires

des JEUNES FILLES

TROISIÈME MOIS

QUATRIÈME MOIS

25ᵐᵉ Réunion

26ᵐᵉ Réunion

27ᵐᵉ Réunion

28ᵐᵉ Réunion

29ᵐᵉ Réunion

30ᵐᵉ Réunion

31ᵐᵉ Réunion

32ᵐᵉ Réunion

ANNEXES

PAGES POUR NOTES

PRÉSENCES AU COURS D'ADULTES

19   19

Mois de

concours	NOM & PRÉNOMS	PROFESSION	AGE	1) 2)																				Présences possibles	ABSENCES	Présences effectives	OBSERVATION

1) Jour de la sem
(l., m., etc.)
2) Date du mois.

Au-dessus du
mier trait horizo
inscrire le nom
mois correspon
aux dates et les
rer les uns des au
en prolongeant le
vertical qui cor
pond à la dern
réunion de ch
mois.

Librairie classique LAROUSSE, 13-17, rue Montparnasse, Paris (6ᵉ)

Ouvrages Recommandés
POUR LES JEUNES FILLES

Petit Larousse illustré, le plus complet des dictionnaires manuels. Beau volume de 1.664 pages (format 13,5 × 20), 5.800 gravures, 130 tableaux encyclopédiques, dont 4 en couleurs, 120 cartes dont 7 en couleurs. Relié toile (reliure originale de Grasset), 5 fr. ; en reliure peau, très élégante . . . . 7 fr. 50
(1 fr. en sus pour frais d'envoi dans les localités non desservies par le chemin de fer et à l'étranger.)

Memento Larousse, petite encyclopédie de la vie pratique, contenant en un seul volume, classées méthodiquement, toutes les connaissances d'utilité journalière. *(Vingt ouvrages en un seul.)* 730 pages (format 13,5 × 20), 900 gravures, 82 cartes dont 50 en couleurs, 80 tableaux synthétiques. Cartonné . . . . 5 fr. »
Relié toile, fers spéciaux de Girardon, titre or . . . . 6 fr. »

La Jeune Française, par Alcide Lemoine, Inspecteur de l'enseignement primaire, et Juliette Marie, directrice d'École normale. 200 lectures ayant trait au foyer, au rôle de la femme dans la société, à l'histoire, etc., 170 gravures et tableaux synthétiques. Cartonné . . . . 1 fr. 50

La Jeune Ménagère, par Mᵐᵉ Julie Sévrette. Un volume illustré de 70 gravures, un grand nombre de reproductions photographiques d'après nature. 4ᵉ édition. Cartonné . . . . 1 fr. 20

Le Savoir-Faire et le Savoir-Vivre, dans les diverses circonstances de la vie. Guide pratique de la vie usuelle. Un volume illustré de 200 gravures. 25ᵉ édition. Cartonné, 1 fr. 25 ; Relié à l'anglaise . . . . 2 fr. »

La Cuisine et la Table modernes. Ouvrage écrit spécialement pour la maîtresse de maison et dû à la collaboration d'hommes du métier. In-8°, 600 pages, 600 gravures, dont 135 reproductions photographiques d'après nature. 12ᵉ mille. Broché, 5 fr. ; Relié toile, fers spéciaux . . . . 6 fr. »

La Cuisine à bon marché, par Madame Julie Sevrette. 300 recettes pratiques. 128 pages, 7 gravures. Broché, 0 fr. 90 ; relié toile . . . . 1 fr. 20

Le Guide mondain, par la Comtesse de Magallon. Art moderne du savoir-vivre. 112 pages. Broché, 0 fr. 90 ; relié toile.. . . . . 1 fr. 20

Le Passe-Temps des mois, par V. Delostère. Mémento des occupations utiles et distractions diverses aux différentes époques de l'année. 96 pages, 111 gravures. Broché 0 fr. 75 ; relié toile . . . . 1 fr. 05

La Maison fleurie, par F. Faideau. Guide pratique de décoration florale. 112 pages, 61 gravures. Broché 0 fr. 90 ; relié toile. . . . . 1 fr. 20

La Voix des Fleurs, par Mademoiselle Clarisse Juranville. Origine des emblèmes donnés aux plantes, souvenirs et légendes qui y sont attachés, etc. In-18 Jésus, 5ᵉ édition. Broché, 2 fr. ; Relié en percaline, titre doré. . . . . 2 fr. 50

Le Bagage littéraire de la jeune fille. Morceaux choisis, groupés par genres, analysés et commentés. In-12, 388 pages, 168 gravures. 3ᵉ édition. Cartonné. 1 fr. 50

L'Art, simples entretiens à l'usage de la jeunesse, par E. Pécaut et Ch. Baude. In-8°, 240 pages, 125 gravures, 9ᵉ édition. Broché . . . . 2 fr. »
Cartonné, 2 fr. 50 ; relié toile, 3 fr. ; tranches dorées. . . . . 4 fr. »

(Envoi franco contre mandat-poste et chez tous les libraires).

www.ingramcontent.com/pod-product-compliance
Ingram Content Group UK Ltd.
Pitfield, Milton Keynes, MK11 3LW, UK
UKHW021214140726
13695UKWH00002B/527